異形連夜
禍つ神

内藤 駆

竹書房
怪談
文庫

※本書に登場する人物名は、様々な事情を考慮してすべて仮名にしてあります。また、作中に登場する体験者の記憶と体験当時の世相を鑑み、極力当時の様相を再現するよう心がけています。現代においては若干耳慣れない言葉・表記が登場する場合がありますが、これらは差別・侮蔑を意図する考えに基づくものではありません。

まえがき

皆様、こんにちは。内藤駆と申します。

まずは、この本を手に取っていただきありがとうございます。

この『異形連夜 禍つ神』は『恐怖箱 夜泣怪談』『夜行怪談』に続き、三冊目の単著となります。

ここまで来られたのも、竹書房様、加藤一様、そして応援してくださる読者の皆様のおかげです。

今回、下は高校生、上は八十歳の高齢者と様々な世代の方々を取材し、素晴らしい怪談、奇談、不思議な話を聞くことができました。

また惜しくも、頁数の関係で載せられない話も幾つかありました。

内藤駆、まだまだ、未熟な部分もございますが、皆様に読んでいただくために話を厳選し、文章も練って書きました。

それでは「異形連夜」をお楽しみください。

内藤 駆

目次

ひとりじゃない

現在、都内で派遣社員として働いている谷田さんから聞いた話。

谷田さんは一昨年、大学卒業後に東京駅近くにある商社に就職したという。

だがある出来事があって、二年もしないうちにその商社を辞めてしまった。

「ホラー映画や怖い話は大好きですが、自分自身が体験してしまうとは……。せっかく厳しい就職活動を切り抜けて入社したのに、とても悔しいです」

谷田さんはそう言って、商社を辞めるきっかけとなった、不気味な出来事を教えてくれた。


谷田さんが入社してからあっという間に一年半が経ち、会社の空気と仕事に大分慣れてきた頃、それは起こったという。

その日、谷田さんは慣れない仕事を初めて一人で引き受けたため、退勤時刻が大分遅くなってしまった。

先輩達は無理するなと言ってくれたが、頑張り屋の谷田さんはもっと早く仕事を覚えたいと望んで、無理を言って一人で残業までしたのだ。

そしてようやく残業を終え、帰り支度をするために女子更衣室に向かう。

誰もいない更衣室で谷田さんは、自分のロッカーを開けた。

そのとき、谷田さんはロッカー内の上部に備え付けてある棚を見て、すぐに違和感を覚えたという。

棚の上には、谷田さんが百円ショップで買ってきた底の浅い箱が左右に一つずつ置かれていた。

左の箱には主に化粧品や薬品などが、右の箱には文房具類がそれぞれきちんと並べてあるはずだった。

しかし、二つの箱に入った小物の配置が、今朝、出勤したときの状態と微妙に違っていたのだ。

谷田さんはかなり几帳面な性格で、箱内の小物類の配置場所も彼女なりのこだわりに基づいて、しっかりと決められていたらしい。

「おかしい、ウエットティッシュと絆創膏《ばんそうこう》が右の文具箱のほうに置いてある。逆に予備の修正テープと付箋《ふせん》が左の薬箱に移動している……」

ちなみにロッカーの鍵は、ちゃんと掛かっていた。

谷田さんは気持ち悪いと思いながらも、移動していた小物を素早く元の位置に戻すと着替えを始めた。

8

「私の勘違い？　まさか誰かが、ロッカーを開けていじったとか……。いやでも鍵はきちんと掛かっていたから、考えすぎかな」

頭の中であれこれ考えながら着替えを終えたとき、谷田さんは突然、誰かに見られているような感覚に襲われた。

驚いた谷田さんは一度、更衣室内をぐるりと見渡した。

そして謎の視線はロッカーの中からだと気付き、心臓の鼓動が速くなった。

谷田さんは無理やり自分を落ち着かせると、何故かスマホを手に取ってロッカーの中にカメラを向けた。

そのときは何故そんなことをしたのか、自分でも分からなかったという。

スマホの撮影画面に映るロッカー内、そこには顔認証の四角い枠が五つ、検知された。

もちろん、ロッカーの中には誰もいない。

谷田さんは恐怖で硬直し、ロッカー内にスマホを向けたまま動くことができなかった。

やがてスマホの撮影画面上の顔認証枠が一つずつ消えていき、全てがなくなると同時に視線も感じなくなった。

「あっ、当たり前よね。こんな狭いロッカーの中に人の顔なんて……」

だが今度はいきなり、撮影画面上に大きな顔認証枠が一つ現れたかと思うと、スマホがブンッと強く振動して電源が切れた。

「えっ!?」

谷田さんが声を上げると同時にトントンと、右側から肩を軽く叩かれた。

谷田さんが反射的に右へ振り向くと、開いたロッカー扉の内側に備え付けてある、化粧鏡が目に入った。

〈あゆちゃんは　ひとりじゃないよ〉

化粧鏡には、白色の文字でそう書かれていた。

平仮名を習いたての子供が書いたような、へたくそな文字だった。

「なんでそこまで知っているのよ!?」

あゆとは、谷田さんの下の名前だった。

心の中で何かが切れた谷田さんは、ロッカー内の必要な物だけを急いで紙袋に詰め込んで、逃げるように会社を出た。

そして翌日から体調不良を理由に欠勤し、数日後に弁護士事務所に退職代行を依頼してそのまま会社を辞めた。

「仕事は大変でしたが、かなりのホワイト企業だったので、今でも凄く悔しいです。でもあのまま辞めなかったら、絶対にヤバいことが起こると思いました。あのロッカーに何が潜んでいるのかは分かりませんが……」

谷田さんは現在、派遣社員として他の企業で働いている。

幸い派遣先企業のロッカー内には、化粧鏡は付いていなかったそうである。

紙コップ

富山さんは去年から、自宅近くの診療所で清掃のアルバイトを始めた。

二人の子供が独立したと思ったら、今度は旦那さんが長年勤めた会社で、突然、整理解雇の対象になってしまい、何とか再就職を果たすものの収入は大幅ダウン。結婚してからはずっと専業主婦だった彼女も、働かなくてはならなかった。

腕慣らしとして最初は平日夜の五時から七時までの二時間だけ、診療所が終わる前後の時間に清掃員として雇われた。

だがしばらくして、平日早朝の六時から八時の早番の清掃員が辞めてしまい、富山さんがそちらも引き受けることになった。

富山さん自体、この診療所の昔からの患者であり、医師や看護師達と顔見知りだったため、久しぶりの仕事復帰にもすんなりと馴染むことができたそうだ。

しかし、早朝の清掃も担当するようになってから、少し気になることがあった。

毎朝、渡された鍵を使って誰よりも早く診療所に入る。

最初はトイレや給湯室などの水回りから清掃に入り、それから待合室と診察室。最後は事務室を清掃し、ゴミをまとめた後に捨てて業務は終了。

気になると言ったのは、診療所に二つあるウォーターサーバーのうちの一つ、事務所に設置された小さいタイプのほうだった。

そのウォーターサーバーの左横に、紙コップを捨てるために円柱型の小さなゴミ箱が置かれていた。前方下部にあるペダルを踏んで蓋を開けるタイプの物だ。

毎朝、富山さんが事務所を確認しに来ると、必ずそのゴミ箱の上に紙コップが置かれているのだ。円形の蓋のキッチリ真ん中に。

夜清掃で富山さんが帰るときには、紙コップが置かれていないことは確認している。しかし、そのタイミングでまだ診療所スタッフが残っていることもあるし、後から戻ってきた者が飲んだ後、横着して蓋の上に置きっぱなしにしているのかもしれない。

そう思って、最初は気にしていなかった。だが毎朝、まるでルーティンのように蓋の真ん中に紙コップが置かれていることに対し少し憤《いきどお》りを感じた。

かといって、紙コップ一つのことで診療所のスタッフ達を追及するのも気が引ける。

そこで富山さんは、ちょっとした悪戯《いたずら》を仕掛けてみた。

夜清掃が終わった後、ゴミ箱の上にハンカチを敷いてみた。

毎回、紙コップを置いていく者が、何かの意思表示かと気付いてくれれば、と思ったのだ。明日の朝、どうなっているだろうと、富山さんは少しドキドキしながら帰った。

翌朝、ウォーターサーバー前に来ると、ハンカチを敷いたゴミ箱の上には、いつも通り紙コップが置かれていた。

ただ、今回は少しだけ変化があった。

紙コップの縁に、赤い口紅の跡がべっとりと付いていたのだ。

それを見て、富山さんは何故か微笑《ほほえ》んでしまった。真意は不明だが、いつも紙コップを置いている主がハンカチに対して返礼をしてくれたように感じたからだ。

だが診療所のスタッフで、仕事中にこんな濃い口紅を使っている人はいない。

仕事が終わった後のプライベートな時間だったら別だろうが。

富山さんは、口紅の付いた紙コップをとりあえずゴミ箱に捨てようとした。

しかし、ゴミ箱のペダルを踏んでも蓋が持ち上がらない。

中で何かが引っかかっているのか、何度ペダルを踏んでも無駄だった。

富山さんは仕方なく手で直接、蓋を開けようとした。そんなことはあるはずないが、何故かゴミ箱の中から誰かが、蓋を開けることを阻止しているように思えた。

ようやく蓋を開けたとき、一瞬だが彼女は細くて青黒い両手がゴミ箱の中に引っ込んでいくのを見逃さなかった。驚いて改めてゴミ箱の中を確認する。そして中に詰まっているものを見て凍り付いた。

中には使用済みの注射針が、ぎっしりと詰まっていたのだ。

富山さんはそれにもちろん手を付けず、昔からいる顔なじみの女性看護師が出勤した際に慌てて報告をした。そのとき、青黒い手を見たことはすっかり忘れていたという。

ゴミ箱内の使用済み注射針を見て、看護師の顔も青ざめる。

「ごめんなさい、ケガはなかった？」

看護士は富山さんに謝りながら、慌てた様子でゴミ箱ごと持ち上げて診察室の奥に行ってしまったきり、注射針についての説明はなかった。

掃除が終わった後、診療所の院長が改めて富山さんの元にやってきた。

「本当に申し訳ない。どうやら、新人の看護師が間違って捨ててしまったようで……」

高齢の院長は、歯切れの悪い言い方で謝罪する。

気になさらないで、と富山さんは笑いながら言ったが、内心は納得していなかった。医療廃棄物である使用済み注射針を、普通のゴミ箱に捨ててはいけないことは、素人の彼女でも知っていた。

新人とはいえ、看護師がそんなミスを犯すのだろうか？　と。

そもそもここ最近、診療所の医師や看護師や事務員達は皆、同じ顔ぶれで新人の看護師など彼女は一度も見たことがなかった。

一歩間違えば事故に繋がる出来事だったが、院長自らも謝ってきたことだし、あまり大事にしてせっかくのアルバイト先を失うのは避けたい。

モヤモヤした気分を無理に押さえつけながら、富山さんは帰り支度を始めた。

「そういえば今朝、ゴミ箱の上に置かれていた口紅の付いた紙コップ。あれが注射針と何か関係しているのかしら？」

さすがにそれは考えすぎか、と思ったとき、富山さんは更衣室のゴミ箱の上に口紅の付いた紙コップが置かれていることに気が付いた。

そういえば、ゴミ箱内に注射針が詰まっているのを発見した後、手に持った口紅付きの紙コップをどこに置いたのか記憶になかった。

同時にゴミ箱の中に引っ込む、細くて青黒い両手のことも思い出す。

「この紙コップ、そして口紅の主は誰なのよ……」

急に恐ろしくなった富山さんは、逃げるように更衣室を出ると小走りで裏口へと向かう。

「やっぱり、紙コップの件も話したほうがよかったのかしら」

そう思いながら、富山さんが裏口から診療所を出たとき、彼女の目の前を左から右へと一台のステーションワゴンがゆっくり通り過ぎていった。

時々見かけるこのワゴンの正体が霊柩車だということを、富山さんは知っていた。

近所に大きな総合病院があり、そこを行き来しているのをよく見かけるのだ。

病院のほうから走ってきたということは、今のワゴンに遺体が乗っている可能性も高い。

診療所の裏にあるこの道は昼間でも人通りが殆どなく、とても静かだった。

だから、一緒に乗る親族の気持ちを汲んでいるためか、ワゴン型の霊柩車はこの道をよく通っていくのだ。

「あらあら、葬儀会社も朝から大変ね。ただホトケさんには失礼だけど、今の状況で見たくはなかったわ」

そして富山さんが道に出ようとした瞬間、間髪入れずに今度は人の形をした青黒い影が先ほどのワゴンを追うように走っていった。

青黒い影は長い髪の毛や体型、走る動作からして、明らかに女性の姿だったという。

影はワゴンに追いつくと、まるで野生の俊敏な動物のごとく身軽な動作でジャンプして車体の後部に飛び乗り、消えた。

富山さんは恐怖に囚われて、裏口から動くことができなかった。

そして彼女は紙コップに付いた赤い口紅の跡は、あの影女のものだと確信した。

影女は富山さんの目の前を通り過ぎるとき、彼女のほうへ顔を向けた。

青黒い顔に目や鼻はなかったが、赤い口紅を塗った大きな口がはっきりと見えたのだ。

富山さんは今でも診療所で朝晩とも、元気に働いている。

現在も毎朝、ウォーターサーバー横のゴミ箱上に紙コップが置かれているという。

しかし、紙コップに余計なことをせず、いつもゴミ箱に捨てている。

そのせいかあの日以来、それ以上の不思議なことは起きていない。

「口紅の跡は警告だったのかしら?」

また富山さんは、それらのことを診療所のスタッフに一切話していない。

紙コップ、使用済み注射針、霊柩車、赤い口紅を塗った青黒い影女。

それらの因果関係についても、当たり前だが彼女にはさっぱり分からない。

だが、職を失わないため、何も考えずに診療所の清掃に励んでいる。

そして、仕事帰りに診療所の裏口を出るときは、道に霊柩車が走ってこないか必ず確かめるようにしているという。

清水さんの話　その一「タラコ」

現在はゲーム開発会社に勤める清水さんが、過去に体験した話を二つ教えてくれた。

「一つ目は都内の大学に通うため、上京したばかりのときに体験した出来事です。その当時、実家は金銭的に余裕がなかったから、大した仕送りは期待できませんでした。だからアパートでの引っ越し作業が終わったら、すぐに近くのコンビニで働き始めました」

清水さんは、少し懐かしそうな様子で話し始めた。

今から約二十年前、大学生になった清水さんは、学費と生活費を稼ぐため東京新宿のコンビニでバイトをしていた。

新宿と聞くと絶えず賑やかなイメージを受けるが、彼が働いていたコンビニは住宅街に近い場所にあり、むしろ静かな環境にある店舗だったという。

バイトに慣れてきた清水さんが初めて深夜のシフトに入ったとき、それは起きた。

夜の十一時前、客足が途絶えたので店内で一人、雑務をこなしていた。

するとチャイムが鳴り、一人の客が入ってきた。おでんの汁を足していた清水さんは、その客の姿を見て少し引いてしまった。

ボサボサの頭髪に上下ともヨレヨレの黒いスーツ、乱れたネクタイ、ボロボロのリュックを手に持った三十歳くらいの男だった。

男はしばらく風呂に入っていないのか、それとも元々体臭がキツいのか、そいつが店に入ってきた途端、嘔吐物《おうとぶつ》を拭《ふ》いたまま生乾きになった古い雑巾のような強烈な匂いが店内に充満し、清水さんの鼻を激しく不快にさせた。

「ねえ、この辺りにネットカフェはない？　漫画喫茶でもいいや」

男は入店するなり、不機嫌そうな顔でいきなり早口で聞いてきた。

今みたいにスマホ片手に正確な情報をすぐ検索、というお手軽な時代ではなかった。

更に清水さんはネットカフェの存在を知っていたが、実際に利用したことはなかったので、どこにそれらの店舗があるかなど、さっぱり分からなかった。

「あっ、ネットカフェですか？　すみません、分かりません……」

清水さんが悪臭を我慢しながらすまなそうに言うと、男は更に不機嫌な顔になって、

「何、何か買わないと教えてくれないの。じゃあ、その肉まん買うから教えてよ！」

そう言って、男は肉まんが入ったスチーマーを指さす。

そのとき、男のズボンの後ろ、尻の辺りに大きな穴が空いているのを発見し、清水さんはさらなる驚きで言葉に詰まってしまった。

「これは、もしかするとヤバい奴かもしれない……」

すると店の奥から店長が現れ、清水さんの前に立つと代わりに男に対応した。

店長はどうやら奥で二人の会話を聞いていたようだった。

「漫画喫茶なら一軒、知っていますよ。店を出て左をしばらく進み……」

店長はメモに、ササッと簡単な地図を書くと男に渡した。

「小綺麗な店の割には、いつも空いていて穴場ですよ」

店長からメモを受け取ると男は上機嫌で肉まんを三つ買い、そのまま店のトイレに入る。

清水さんは思い出した。店が忙しいとき、仕事熱心な店長はいちいち家に帰らず、よく近くの漫画喫茶に泊まっていると言っていたことを。

「店内の業務が慣れてきたら、簡単な道案内とかもできるといいね」

鼻をつまんだ店長が、笑いながら清水さんに言った。

そしてしばらく二人で業務について話をしていると、先ほどの男がトイレから出てきて、再び不機嫌な顔つきで何も言わずに店から出ていった。

「随分とおかしな人でしたね。やたら臭いしズボンに大きな穴は空いているし……」

清水さんが店長に向かってこぼしたが、店長は男が出ていった後の自動ドア付近を見つめたまま何も答えなかった。

「あいつ、ズボンの穴から何を落としていった？」

清水さんが何か様子が変だと思っていると、店長は自動ドアの前に敷かれている足ふきマットを指さして、そんなことを言った。

「落としたって、何をですか？　ドアの前には何もありませんが……」

清水さんが困惑していると、店長のほうも信じられないといった顔で清水さんを見る。

「いや、足ふきマットの上に置いてあるだろう。さっきの男がズボンの穴からアレを落としていったんだ」

だが、幾ら清水さんが目を凝らしても、足ふきマットの上には何もない。

店長の話をよく聞くと内容はこうだ。

男が自動ドアを出ていく際、彼のズボンの穴からいきなり大きな物体が生えるように現れ、それをマットの上に落としたまま、男は自動ドアを通っていってしまったのだという。

その落としていった物体とは、一メートル数十センチはあるだろう「タラコ」のような形状をしているらしい。

色は全体的に薄橙色だが、片側四分の一くらいは黒い。

どことなくその黒い部分が頭髪みたいで、足ふきマット上に裸の人間が寝そべっているようにも見えなくもないという。

「いやあ、ホントに僕には見えませんよ、そんな物」

清水さんは一瞬、店長が初めて深夜勤務をする自分をからかっているのかと思った。

だが、仕事だけでなく普段の会話内容もクソ真面目な店長が、そんな冗談を言うはずがないことも、ここ数カ月の勤務でよく知っていた。

「アレが見えないって……。まあ、とにかく片付けないと」

店長は仕方がないといった様子で、九十リットルの大きな半透明ゴミ袋を持つと、入り口の足ふきマットへ向かった。

そしてその場にしゃがみ込むと、店長は両手で何かを抱え上げるような動作をした。

抱え上げたのは、どうやら先ほどの臭い男が落としていったモノのようだった。

しかし清水さんには、やはり肝腎のモノが見えない。

店長は真剣な表情でまるで他人に見えない大きな魚を吊り上げ、それを抱きかかえる一人芝居、あるいはパントマイムをしているみたいで、清水さんにはその様子が少し滑稽にすら思えた。

「これは……小柄な人間並みの大きさなのに思ったより軽いな。まるで発泡スチロールか張り子人形みたいだ。しかし、このままじゃゴミ袋に入らない」

店長はそう言うなり、両脇を締めて、見えないモノを抱える腕を大きく動かした。

同時にバリッという音が店内に響く。

確かに大きな発泡スチロールを無理やり折り曲げると、ああいう音がして割れるかもしれない、と清水さんは驚きながら思った。

「よし、ちょうど収まった」

店長は見えないモノをゴミ袋に入れる動作を終えると、それを清水さんに渡した。

清水さんは少しためらいながら、ゴミ袋を受け取る。

空気で膨らんだ九十リットルの半透明ゴミ袋は、当たり前だがとても軽い。

再度、外から中身を確認したが袋の中には何も入ってはいなかった。

「レジに立っているから、外のゴミ庫に入れてきてよ」

店長はやれやれといった様子で清水さんに指示した。

清水さんは混乱気味の頭を片手で押さえながら、空のゴミ袋を持って店の外に出た。

店内のゴミや廃棄品は、建物の横にあるスチール製物置に保管することになっていた。

清水さんは物置の鍵を開け、空のゴミ袋を放り込む。

「さっきの臭い穴ズボン男も変だったけど、今夜の店長も相当おかしい。何だよ、髪の毛の生えたタラコって。妙にリアルな一人芝居までしやがって……」

その後すぐ、新しい商品がトラックで配送されてきたので、清水さんと店長は検品と品出しに追われた。

作業中、二人は業務関係の話以外は無言だった。

清水さんは先ほどの臭い男やタラコについてもっと聞いてみたかったが、しかめっ面で黙々と作業をこなす店長の姿を見て口をつぐんだ。

「次の配送トラックが来るまで、また奥に入っているね。この時間帯、殆どお客さんは来ないはず。初めての深夜勤務で疲れただろうから、少しのんびりしていなよ」

作業が終わった後、店長はそう言うとまた店の奥に入っていった。

深夜の二時少し前、清水さんは軽く店内をチェックした後、椅子に座って一息ついた。

「深夜勤務、この調子ならもっとシフトを増やしても大丈夫そうだな……」

そんなことを考えていると、店の外から大きな音が聞こえてきた。

この音の正体を清水さんは知っている。ゴミ庫として使っているスチール製物置の歪《ゆが》んだ扉を、無理やり引き開ける音だ。

〈――ゴミ庫の施錠、忘れないでね。特に深夜はホームレスが漁りにくるから〉

清水さんは、日頃、店長に言われていたことを思い出した。

「鍵、閉め忘れたかもしれません。店長、ゴミ庫見てきます」

慌てた清水さんは店長の返事も待たずに、店の外に出てゴミ庫に向かった。

すると案の定、扉の開けっ放しになった物置の前に、汚くてみすぼらしい恰好をした初老の男が立っていた。

昼間の勤務中清水さんも、コンビニ近くの児童公園の辺りをうろついている姿を何度も見かけたことのある、初老のホームレスだった。

「ちょっと、勝手に開けるなよ！」

清水さんは、強い口調でホームレスに向かって言う。

だが、ホームレスの様子が明らかにおかしい。

そいつは顔と眼球を真っ赤にし、鼻や口から体液をダラダラと垂れ流していた。

そしてホームレスの足元には、九十リットルのゴミ袋が置かれている。

昨晩捨てた九十リットルのゴミ袋は、店長が例のタラコを入れたという空の袋のみ。

しかし、街灯に煌々《こうこう》と照らされたゴミ袋の中には、確かに何かが入っていた。

「裸の女？」

半透明の素材越しに確認できるその柔らかそうな肉付きや体型、長い頭髪から清水さんには何も着ていない小柄な女性が、エビみたいに身体を前に折り曲げてゴミ袋に入っているように見えた。

ホームレスはゴミ袋の口を片手で掴み、ブツブツと呟《つぶや》きながら身体全体を大きく震わせている。ただ単に酔っぱらっているとか、明らかにそういうレベルではない。

「ちょ、ちょっと大丈夫なのか、あんた。救急車を呼ぶ？」

ホームレスの異様な様子と、ゴミ袋に詰め込まれた全裸の女性らしきモノ。それらを見てパニックになった清水さんの威勢は、急激にトーンダウンした。

「これ、コレさ、何を捨てたんだよ。食っちまったじゃねえか……」

ホームレスは涎《よだれ》を吐き散らしながら掴んだゴミ袋を、グイッと引き上げて清水さんに向かって思い切り突きつける。

袋の中で全裸女性らしきモノがゴロっと傾く。

「食った、これを⁉」

袋の口が大きく開いて中身がはっきりと見えそうになったとき、恐ろしくなった清水さんは咄嗟《とっさ》に目を逸らし、その場にしゃがみ込んだ。

その後すぐに、「オァッ！」という声とともに何か液体のようなものが、ビシャビシャと地面に叩きつけられる音が辺りに響く。

清水さんがゆっくりと目を開けると、物置の前でホームレスが吐いたと思われる赤く染まった嘔吐物が、辺り一面に広がって悪臭を放っている。

放置された九十リットルのゴミ袋には、何も入っていなかった。

そして、ふらふらとその場を去るホームレスの後ろ姿があった。

「食った、食っちまった。俺は食っちまったぞぉ～‼」

ホームレスは吠えるようにそう言うと、全身をビクビクと引きつらせながら、公園のほうへと足早に去っていった。

同時に清水さんも恐怖でガタつく足に何とか力を入れて、その場から逃げ出した。

「もうコンビニの制服を着たまま、ダッシュでアパートまで逃げました。帰ったら勤務中にも拘らず、店長には電話でとにかく今すぐに辞めたいと一方的に告げました」

その後、何度も店長から電話があったが、全て無視して、制服は宅配便で送り返したそうだ。

「ゴミ袋の中身、はっきりと見えなくてよかったです。自分で話していても訳の分からない話ですが、本当に体験した出来事ですよ」

清水さんは、現在も新宿の別の場所に住んでいる。

そのコンビニは今も営業しており、ホームレスのいた公園もあるらしいが、清水さんは決して近寄らないようにしているという。

清水さんの話　その二「モノクロ」

「次は見えた話です、俺だけにははっきりと」

清水さんは何故か口元をニヤケさせ、恥ずかしそうに二つ目の話を始めた。

新宿のコンビニバイト時代から、更に遡《さかのぼ》ること数年、清水さんが中学一年生のときに体験した話だ。

当時、清水さんの実家から少し離れた場所に「山の店」という、駄菓子屋兼ゲームセンターがあったという。

山の店と言っても、本当に山の中にある訳ではない。

町の中心から少し外れた高台の頂上に広がる森林の前に、その店はある。

店には山肌を巡る長い坂道を上らないと到達できないことから、ちょっとした山登りをイメージさせるためか、清水さんら子供達の間でそんな名前が付いたらしい。

そんな不便な場所にあるにも拘らず、どういうルートなのか山の店のゲームコーナーには、当時盛り上がっていた対戦物を含む最新のゲームがよく入荷される。

だから、清水さんを含むゲーム大好き少年達の溜まり場になっていた。

また山の店には裏の顔があり、それが思春期ど真ん中の少年達を引き寄せる秘密の理由になっていた。

店の店長は金さえ払えば、未成年の客にエロ本を売ってくれるのだ。

更に要らなくなったエロ本は、駄菓子と交換（下取り?）してくれる充実のアフターサービスぶり。

店を経営しているのは、推定五十歳半ばの初老男性の店長で、どうやら未婚らしい。

客の子供達に笑顔を絶やさない優しいおじさんだったが、今でいうセクハラ発言をポンポンと吐くので、物好きな子以外、この店に女子は殆ど近寄らなかった。

清水さんが更に幼い頃には、店長の母親も店番として座っていた。

しかし、皺《しわ》くちゃで背の曲がった高齢の母親は、話しかけても殆ど何も反応せず、ほぼ店のオブジェと化していたという。

そして清水さんが中学校に上がる前に、老婆はいつの間にか店から姿を消した。

亡くなったのか、どこか他の場所に移ったのかは分からない。

元々、山の店はその母親がもっと若い頃に始めたらしいが、いつの間にか息子である現在の店長が主導権を握っていた。

未成年相手に、違法なエロ本の販売を始めたのも、息子であるこの店長だ。

ちなみに清水さんも、店長からエロ本を買ったことがあるという。

ある秋晴れの日、清水さんとその同級生は朝から山の店に向かった。

その日は、二人の中学校は開校記念日で休みだった。

だから早い時間なら、他校の生徒は山の店に来られないはず。

予想が当たれば、最近出た新しい対戦ゲームを二人で独占できるかもしれない。

二人の予想は当たり、店の奥にあるゲームコーナーには脱衣麻雀ゲームをしている青年以外、誰もいなかった。

「よし、今のうちにたくさん対戦しようぜ」

町の大きなゲームセンターに比べて、山の店のゲーム料金は格安だった。

店で買った飲み物をゲーム台に置くと、清水さん達は早速対戦プレイを始めた。

二人はしばらく遊んでいたが、その日に限って連戦連敗の清水さんは先に席を立った。

「ちょっと裏に行ってくる」

悔しくてヒートアップした頭を冷やすために、清水さんは店の裏に向かった。

店の裏には森が広がっていた。森と言っても木々はそれほど密集しておらず、奥のほうまで見渡すことができる。

季節柄、枯れ落ちた葉が湿った地面にたくさん張り付いていた。

「くっそ～、あの技、絶対に強すぎだよ……」

清水さんが店で新しく買った安いサイダーを飲みながら、友人との対戦を振り返っていると、森の奥で何か動く物がチラリチラリと視界に入る。

目を凝らすと森の奥、約三十メートル先に女性が立っていた。

その女性の姿をはっきりと見た清水さんは、茫然とした。

木の横に立つ女性は若く、身体には何一つ身に着けていない。

薄茶色のボブヘアー、大きな瞳と唇、ややピンクがかった白い肌、小柄な割には大きめな二つの胸、ふっくらとしたラインの腰付きと太もも。

どれも思春期でホルモン活動真っ盛りの清水さんを悩殺するには、十分な要素だった。

森の中から全裸の女性が彼に悪戯っぽく微笑み、手招きをした。

清水さんはサイダーの缶を地面に置くと、誘われるまま森の中に入っていった。

女性に近づくにつれ、彼女の身体が細部まではっきり見えるようになる。

「おんな、本物の、裸の女の人……」

体中のいろいろな部分を熱くさせながら、ふらふらと女性に向かって歩く。

そして、女性まであと数メートルという所で、自分の右側から何やら聞きなれない音が響いてくるのに気が付いた。

ぺたぺたぺたぺたぺたぺた……。

今度は森の違う方向から、何かが清水さんに向かって歩いてくる。

それは浴衣を着た小柄な老婆だった。

腰が曲がっているせいか、歩く姿勢は前かがみ。

しかし、皺だらけの老婆の顔に付いた両目は、しっかり清水さんを捉えている。

灰色のザンバラ髪を振り乱し、浴衣の胸元が大きくはだけ、露出した垂れ下がる両乳を左右に揺らしながら迫ってくる老婆の姿は、悪夢そのものだった。

一瞬にして天国から地獄に落とされた清水さんは、驚いてその場に立ち尽くした。

どうやら老婆は走っているつもりらしいが、足元がおぼつかないためか速度が出ない。

だから本当は見たくもない老婆の全身を、細部まで観察できてしまった。

「何だよ、このババア。人間じゃねえのかよ?」

一瞬、ただの気味の悪い頭のおかしな老婆だと思っていたが、その手足が異様だった。

前方に垂らした両手にはカエルのような水かきがあり、爪が細い釘のように伸びている。

両足の先には指すらなく、まるでしゃもじのように丸くて平らだった。

浴衣の老婆は、そんな足で落ち葉だらけの地面をぺたぺたと頼りない音を立てながら、清水さんめがけて向かってくるのだ。

清水さんが若い全裸女性のほうを見ると、彼女はいつの間にか木の横から消えていた。

老婆が無言のまま歯のない口を大きく開けて、清水さんに掴みかかろうとした瞬間、彼は情けない声を上げて駄菓子屋のほうへ、全力ダッシュで逃げた。

そして店の裏まで戻ってくると、すぐに森のほうを振り向いた。

するると不気味な老婆はいつの間にか浴衣を脱ぎ捨て、全裸になっていた。

遠くからとはいえ、皺くちゃでいろいろな部分が弛《たる》んだ老婆の裸を見て、清水さんは先ほどまでの興奮や高まりが嘘のように消え去り、心身ともに萎《な》えてしまった。

また不思議なのは浴衣を着ていたときと違って、全裸の老婆は全身がモノクロだった。

清水さんの話によると身体を白黒に塗ったというレベルではなく、老婆はまるで白黒写真の中から、そのまま現実の世界に飛び出したように、完全にモノクロだったという。

刺激を抑えるために自ら己の裸に自主規制したのか、それとも何か別の理由があるのか分からないが、モノクロの全裸老婆は森の奥からジッと清水さんを睨みつけていた。

この異常な状況に頭がついていけてない清水さんに対して、白黒な全裸の老婆は軽蔑したような一瞥《いちべつ》をくれると、いろいろと弛んだ身体を揺らしながら森の奥へと消えていった。

森での不可思議な体験により、興奮と恐怖が頭の中で入り交じった清水さんは激しく混乱し、友人を山の店に置いたまま、自宅に逃げ帰ってしまった。

次の日、そのことについて学校で友人に文句を言われたが、清水さんは少しためらいながら店の裏にある森で体験した出来事を話した。

もちろん、友人はそんな話を信じはしなかったが、周りで聞いていた他の男子同級生達が大いに興味を持ったようだった。

「マジで裸の女がいたのか？　放課後、みんなで見にいこうぜ」

勝手に盛り上がる同級生達に、清水さんは慌てて恐ろしいモノクロな全裸の老婆もいて、それに襲われそうになったことも付け加えた。

しかしそれは思春期少年達の好奇心を、更に掻き立てる結果になった。

「大丈夫、そんなババアなんてバットで脅せばイチコロだ」

勢いに乗った清水さんを含む六人の少年達は、学校が終わると山の店に向かった。

もちろん、清水さんだけは最後まで消極的だった。

山の店に着いた少年達は、新しく入荷したエロ本を勧めるスケベ顔の店長とゲームコーナーを無視して、店の裏にある森の前までやっていた。

清水さん以外の少年達全員が、バットで武装していた。

「おい、やっぱりやめようよ。こんなところ他の奴らに見られてチクられたら……」

だが、バットを持った豪胆な同級生の一人が、昨日、清水さんが全裸の女性を見たという森の中までズンズンと進んでいった。

同時に他の同級生達が、謎の老婆の襲撃に備えてバットを構える。

そして森に入った同級生が、清水さんの言う全裸女性が立っていた木の辺りに来ると、地面に何かを見つけたようで、その場にしゃがみ込んだ。

「おい清水、これがお前の見た裸の女か？」

そう言って、同級生は地面から何か平らで大きな物を持ち上げた。

「みんな、こっち来てみろよ。女の正体が分かったぞ」

残された全員が豪胆な同級生の元に走っていくと、彼が地面から持ち上げた物を見て落胆の声を上げた。

それは、実物大に拡大した女性のヌード写真を貼った木の板だった。

写真の女性がヌードモデルかセクシー女優かは分からないが、ニコニコしながら両手で自分の下半身の秘部を隠していた。

ヌード写真の女性を見た清水さんはそれが昨日、森の中から彼に微笑み、手招きしながら誘惑してきた全裸女性と同じ顔だと分かり、一人で驚きの表情を隠せずにいた。

「清水、幾ら飢えているからって、コレを本物の女と見間違えるかぁ～？」

同級生達は森の中で笑い、清水さんは恥ずかしくて顔を上げられなかった。

「いや、昨日は確かに生きている女だったんだよ……」

少年達の間で、森の全裸女事件は速攻で解決した。

清水さんの頭の中以外では。

「ヌード写真を貼った木の板ですが、あれは絶対に動く生身の全裸女性と同一人物でした。まあ、欲情したマセガキの妄想と言われるかもしれませんが。それに後から現れた妖怪じみた全裸の老婆もゆっくりじっくり、観察できるくらい見てしまいましたよ」

清水さんはそのときのことを思い出したのか、顔をしかめながら話を続けた。

「森で私に迫ってきた老婆、後で思い出したんですが、店長のお母さんの顔でした。モノクロだったとはいえ、あの皺くちゃ顔は幼い頃から見ていたので間違えませんよ。ある意味、山の店のシンボルみたいな存在でしたから」

ただ店長の母親が何故、森の中で妖怪じみた姿で清水さんに迫ってきたのかは謎だ。

更に全裸になった後、全身がモノクロ化したことも。

「これは後から聞いた話ですが、店長のお母さんは駄菓子屋で少年達にエロ本を売ることにずっと反対していたらしいんですよ。だから俺らみたいなエロガキ達に制裁を加えるつもりで、あんな姿で化けて現れたのかと」

清水さんが苦笑しながら、自分の臆測を述べた。

「でもそれならまずは、駄菓子屋で未成年相手にエロ本を売るような自分の息子を罰するのが先ですよね」

私が清水さんにそうツッコむと、彼はこの話には更にオチがあると言った。

「山の店の店長なんですが、あの出来事の数年後、彼が自宅にコレクションしていた大量のファイルが崩れ落ちて、それらに押し潰されて亡くなったらしいです。ファイルの中に保存してあったのは、全てモノクロのエロ写真だったそうですよ。あの店長、何でもエロ写真を極めすぎて、最後はモノクロ写真じゃないと欲情しなくなってしまったとか……。

不謹慎だけどある意味、幸せな最後じゃないですかね」

清水さんは、最初と同じニヤケ顔で話を終えた。

もちろん現在、山の店は存在していない。

ATM

少し前、怖い話や不思議な話が大好きな、花井さんという女性と会う機会を得た。

花井さんは現在、東京郊外のとあるオフィスビルの一階で受付嬢をしている。

彼女が教えてくれた話は、そのオフィスビル内で起こる現象についてだった。

「これは不思議なだけでなく、怖い話ですね。最初は私も是非体験してみたいと思っていましたが、実際に遭遇した方の現在の境遇を知ったら絶対に嫌だな、と……」

花井さんはニコニコしながら、まるで世間話でもするかのように話し始めた。


「このビルの中にATMはありますか？　できれば使わせてもらいたいのですが」

花井さんが受付の席に座っていると、月に一、二回はこういった訪問者が来るという。

彼女の働くオフィスビルは結構な大きさだったが、ショッピングモールのような商業施設ではないため、ATMはどの階にも設置されてはいない。

だが訪問者の人々のスマホ画面内の地図には必ず、このビル内にATMを設置している○○銀行出張所とか、コンビニ系銀行の名前が表示されている。

訪問者達は、それらの情報を信じて受付に聞きに来るという訳だ。

面白いのは訪問者のスマホに表示される、ATM設置場所の名称が毎回違うことだ。メジャーな大手銀行やコンビニ系銀行のときもあれば、東京ではあまり聞かない地方の金融機関のときもあったという。

「アプリの誤表記か不具合ではないでしょうか。当ビルにATMはございません」

花井さんはATMが目的の訪問者が来るたびに、そう言って帰ってもらっていた。

このビルの近くには銀行やコンビニがないため、かなり不便な地域だったという。

だからそんな事情を知らない人々がこの周辺をスマホで検索し、どういう訳かATMなどないはずのこのビルが引っかかってしまい、使わせてもらおうと訪れるようだった。

花井さんは研修の時点で先輩からこの現象のことは聞かされていたので、不思議に思ってはいたものの対応には困らなかった。

「それにしても、何故このビルにありもしないATMが、皆さんのスマホに表示されるんでしょうか。ビルの構造とか設備に何か問題があるとか？」

ある日、花井さんは隣の席に座る先輩の受付嬢に改めて疑問をぶつけてみた。

「そうねぇ、ATMの件と関係があるかどうか分からないけど、以前、夜間勤務の警備員さんがこのビル内でとても奇妙な体験をしたらしいの。私はその警備員さんが、夜勤中に居眠りをして夢でも見たんじゃないかと思っていたけど、現在の彼は……」

そう言って、先輩は警備員が体験したという話を花井さんに教えてくれた。

ある夜、その警備員が深夜の見回りを終え、待機室で休憩していたときのことだった。彼は夜勤明けにどこかですぐに朝食を取りたいと思い、スマホでこの辺りにあるファミレスなどの飲食店を検索してみた。

すると検索中、このビル内に「○○銀行ATM」とメジャーなコンビニ系銀行の名称が表示されていることに気が付いた。

この警備員も、あるはずのないATMを求めてやってくる訪問者の話は聞いていた。好奇心が湧いた警備員は、ちょっとした暇つぶしに幻のATMを探すため、先ほどの見回りでは異常のなかった一階のフロアを再び調べに回ってみた。

「どうせ検索機能の誤作動とか、不具合が原因なんだろうけどよ」

そんなことを考えながら、殆どの照明が消えた薄暗いフロアを彷徨《さまよ》う。

そしてフロアの奥にある、二基のエレベーター前まで来たときだった。

右側エレベーターの扉が金色に輝き、辺りを明るく照らしていた。

何度もこのビルで夜勤をしてきたが、こんなことは初めてだった。

「これはエレベーター自体が光っているのか!?　内部はどうなっている」

驚いた警備員は、試しに右側エレベーターの昇降ボタンを押して扉を開いてみた。

そしてエレベーター内部も確認してみたが、これといっておかしな所はない。

「一体何が起きているんだ？　例のＡＴＭの件とは関係がなさそうだが……」

再びエレベーターの扉が閉まるのを待っているときだった。

ジャララララララァ～!!　と、何か小さな金属片のような物同士がぶつかり合う音がフロア中に響き渡る。

それはゲームセンターのメダルゲームで当たりを引いたとき、メダルが大量に排出されるときの音を何倍にも拡大し、大音量にしたもののように聞こえたという。

一瞬だけスマホに気を取られていた警備員が、慌てて右側のエレベーターを見直す。するとエレベーター内部の天井から、大量の光る小さな物体が、まるで滝から落ちる激流のような勢いで降り注いでいるのだ。

金、銀、銅と様々な色に光るそれら小さな物体は、全て硬貨だった。

大量の硬貨が、お互いにぶつかり合う際に発する金属音を辺りに響かせながら、凄まじい勢いで降り注ぎ、あっという間にエレベーター内の床に積もっていった。

警備員は目の前で一体何が起きているのか、すぐには理解ができなかった。

そしてエレベーター内部に、あっという間に彼の身長を超える高さの硬貨の山ができあがると、あれほど激しかった硬貨の滝は急にピタリと止んだ。

エレベーターの中で光り輝く硬貨の山の中から、一枚の銀色の硬貨が溢《こぼ》れ落ちて足元にも転がってきた。

我に返った警備員はその銀色の硬貨を拾い、懐中電灯で照らして調べてみた。

「これは……何なんだ？」

拾った硬貨は形や重みこそ、日本貨幣の百円玉にそっくりだった。

だが裏表ともに模様や文字らしきものが描かれているものの、それらはクッキリと刻まれてはおらず、全体的にぼやけていた。

ゲームで使われるメダルのほうがよほど本物の貨幣に思えるくらい、出来の悪い偽造硬貨のようなシロモノだった。

警備員は更に硬貨の山の中から、数枚を鷲掴みにして全てを調べてみたが、最初の一枚と同じく、いずれも模様や文字がはっきりとしない粗悪な偽造硬貨に見えたという。

今更ながら薄気味悪くなった警備員は、慌てて手に持っていた硬貨を全てエレベーターの中に放って返した。

するとエレベーターの扉は、内部に大量の偽造硬貨（？）を溜めたまま静かに閉まった。うるさい金属音も止み、先ほどまで光っていた右側エレベーターの扉も輝きを失っている。薄暗いフロアは何事もなかったように、静寂を取り戻していた。

警備員はしばらくエレベーターの前で立ち尽くしていたが、「……よし、異常なし」と自分に言い聞かせるように呟くと休憩室に戻ったという。

先輩が警備員の体験談を話し終えると、花井さんは「凄い、あのエレベーターですよね？」と感動しながらフロア奥の右側エレベーターを指さした。

「私も是非、その偽造硬貨の滝とやらを見てみたいです!!」

好奇心旺盛な花井さんは、先輩の話を怖がるどころか大いに興味を持ったという。

「いや、これは深夜の話だし。それにこの話はまだ続きがあるの」

先輩は一人で興奮している花井さんを制すると、更に話を続けた。

「その警備員さん、偽造硬貨の滝を見て以来、明らかに日常的な出費が増えているらしいの。自宅の台所やトイレが突然壊れたときの修繕費、体調を崩してしばらく病院通いをした際に支払う治療費、短期間にお葬式が続いてお香典が連続で必要になるとか。その他にも細かい出費がどんどん増えているそうよ。彼は『そのうち自分は消費者金融からお金を借りないと、日常生活すら過ごすのが困難になるかもしれない。きっとあのエレベーター内で起きた現象を見たから呪われたんだ』と、顔を青くして言っていたわ」

「あっ、私は今日からエレベーター、使うのを止めます」

花井さんは先輩から警備員の後日談を聞き、貧乏にはなりたくないので、偽造硬貨の滝を見るのをすぐに諦めたという。

「私は今、ビルの上に行くときはエレベーターではなく、階段を使っています。ただでさえ給料が安くて生活が大変なのに、偽造硬貨の滝を見てしまってこれ以上貧乏になるのは嫌ですからねぇ」

花井さんは、やはりニコニコしながら話を終えた。

今でもそのビルには、ないはずのATMを求めて訪問者がやってくるらしい。

更に偽造硬貨の滝を見たという警備員は、少し前から無断欠勤を繰り返しているため、近々所属している警備会社をクビになるという。

瞬間移動

友人の有馬は去年、短期間だけ付き合っていた女性がいたが、最近別れたという。

別れた女性の名前は道代といい、出会いのきっかけはマッチングアプリだった。

有馬と道代は趣味も好みも殆ど共通点がなかったが、出会った当時、二人とも前のパートナーと別れたばかりだった。

だからお互い寂しさを埋めるため、とりあえず付き合うことになったのだ。

二人とも同じ歳で二十九歳。しかし道代は童顔に加え、低身長、ややぽっちゃりとした体型だったので年齢の割に幼く見えた。

また道代の性格はとてもおっとりしており、常にマイペース。

深く考えずに、まずは素早く行動に移す有馬とは対照的な女性だったという。

付き合い始めて三カ月ほど経ったある日、有馬は初めて道代の住む団地に泊まった。

デリバリーの夕食を取った後、二人は狭い寝室に布団を二つ敷いて寝転がった。

「私達、お互いの過去については、殆ど話してないね」

有馬の左側で寝ていた寝間着姿の道代が、天井を見ながら話しかけてきた。

「別にいいんじゃないか。それに俺の過去なんて平凡で、聞いてもつまらないよ」

有馬は仰向けでスマホを見ながら、そう答えた。

「私は母親と仲が悪くて。小さな頃はずっと虐待されていたから。そのせいで高校を卒業したらすぐに家を出たの。父親は若年性認知症で、夜中に昔の職場に行こうとしたり、私を母親と間違えて抱こうとしたり。とにかく私の思春期は最悪な環境だった」

道代はあっけらかんとした口調で突然、過去の重い話をカミングアウトしてきた。

「あっ、そうだったのか。それは……」

返答に困った有馬は、スマホを床に置いて天井に視線を泳がせた。

「ごめん、これこそつまらない話だよね。明日は美味しい焼き肉屋に連れていってくれるんでしょ？　早く寝よう」

慌てた有馬の様子を見て道代は微笑むと、頭から布団を被ってしまった。


深夜、有馬は喉の渇きを覚えて目を覚ました。デリバリーで食べたピザが、今頃になって彼の喉と胃を圧迫してきた。時計を見ると午前二時少し前。

寝室を出てリビングとキッチンの間にある冷蔵庫に向かい、中からミネラルウォーターを取り出して一気に飲んだ。

喉に流れる冷水が、有馬の眠気を吹っ飛ばした。

少し起きてテレビでも見ようとした有馬は、リビングの明かりを点ける。

そして、テレビのリモコンを持つとソファーに深く腰を下ろした。

有馬がテレビにリモコンを向けたとき、冷蔵庫の前に、フッと二人の人間が現れた。

一人は正座したまま頭を床に付け、両手で頭を庇《かば》っている紺の背広姿の男。

もう一人はそんな背広男を物差しで、ピシピシと叩くパジャマ姿の初老の女性。

二人はまるでテレビ画面がパッと点くように、一瞬にして冷蔵庫の前に現れた。

「本当に愚図な男だね。無駄飯食らい、ゴミ、不能、文なし野郎!!」

少し派手なピンク色のパジャマを着た初老の女は、突然の出来事に茫然となった有馬を尻目に、背広男を罵《ののし》りながら物差しで何度も何度も強く叩く。

背広男は床に頭を付けたまま、叩かれるたびに〈ウッ〉とか〈ヒッ〉と情けない声を上げる。

目の前に突然、広がった異様な光景に有馬は座ったまま動くことができなかった。

しばらくの間、叩かれているばかりだった男が、急に動いた。

背広男は頭を下げて正座をしたまま、腕の力だけを使い、有馬の足元に迫ってきた。

その移動の仕方は、殆ど予備動作がなく、まるで巨大なゴキブリのように俊敏かつ気味の悪い動き方だったため、有馬は思わず「ぐぉっ!」と大声を上げてしまった。

そして男は手を伸ばして、座っている有馬の左足首を掴む。

男は枝のように細い手のくせに、その握力は恐ろしく強かった。

有馬は掴まれた瞬間、足首が握り潰されると本気で思った。

「何だよ、お前は。離せ!!」

有馬は反射的に男の後頭部を、右足で思い切り踏みつけた。しぼみかけた風船を踏んだような、手応えのない感触が有馬の足の裏に伝わってきた。

そしてようやく足首を掴む力が緩む。

「アンタこそ、誰なんだい？」

男に気を取られて気付かなかったが、座っている有馬のすぐ目の前にさっきまで男を叩いていたピンク色のパジャマ姿の女が、彼を見下ろすように立っていた。

足首を掴んでいた背広姿の男は、いつの間にか消えていた。

「えっ、誰って俺は……」

凄まじい気迫で睨みつける女に気圧《けお》され、有馬は口籠もってしまった。

そして内心、「そっちこそ誰だよ」と聞き返したかった。

「娘の部屋に勝手に上がり込んで。アンタは強盗？　変質者？　それとも……」

女は充血した目で有馬を凝視し、質問攻めをしてくる。

更に有馬を警戒しながらも、彼が隙を見せたらパジャマ女はすぐにでも飛び掛かってきそうな勢いだった。

「お母さん、また来たの？　よりによって彼氏が泊まっている日に」

騒ぎを聞いたのか寝室から起きてきた道代が、女に向かって呆れたように言った。

「お母さんだって？」

今度は有馬が、パジャマ女のことをジロジロと見回す。

確かに女の見た目の年齢からして、道代の母親だと言われても違和感はない。

だが痩せ型で険しい目つきをし、口汚い言葉で罵るこの女と、体型はややぽっちゃりで性格はおっとりとした道代とは共通点が見つからず、二人は全く似ていない母娘だった。

道代が現れて、彼女の母親だという女は表情に動揺の色を見せる。

「彼氏……。道代、男がいたのかい？」

そう言うと先ほどまでの勢いを急に失った母親は、その場にへたり込んだ。

「ごめんね。うちのお母さん、お父さんが死んだ後も生前の介護中に受けた酷い仕打ちが忘れられなくてさ。今も夢の中でお父さんに仕返ししているの」

母親が叩いていた背広の男は、どうやら彼女の父親だったらしい。

そこまで話すと、道代は深呼吸をし、何やら覚悟を決めたように話を続ける。

「ただ、お父さんを虐める夢を見ると、何故かたまに私の住んでいる所に飛んできちゃうの。瞬間移動って奴？」

道代は突然、まるでSFか魔法のような突拍子のない話をしてきた。

しかし道代の表情は真剣そのもので、ふざけているようには見えない。

「いや、ありえないだろ。仕返しをする夢はまだいいとして、お前のお母さん、死んだはずのお父さんと一緒に瞬間移動してくるなんてよ……」

そう言いつつも、有馬は先ほど二人がいきなりリビングに現れたときを思い出した。

有馬はこの異常事態を前にして、自分のほうが悪い夢を見ているのかと思ったが、先ほど道代の父親に掴まれた左足首の痛みは、まだしっかりと残っている。

有馬が寝間着代わりに着ていたジャージズボンをまくってみると、強く掴まれた左足首は赤く腫れあがっていた。

「ごめんなさい、まさか道代が彼氏を泊めていたなんて。私も最初は信じられなかったけど、夢であいつを虐めているといつの間にか、道代の住むこの団地に来ているのよ」

道代の母親は、さっきまでの勢いを失って急にしおらしくなった。

そして自分の着ているピンクのパジャマを恥ずかしく思ったのか、近くにあった道代のカーディガンを急いで羽織る。

「うん、信じなくていいよ。というか、信じられなくて当たり前だよね」

道代は有馬にそう言いながら、寄り添うように母親の隣に座った。

信じられるはずがない、と有馬は改めて思った。

しかし、道代の両親がいきなり冷蔵庫の前に現れたのも、父親の幽霊（？）に足首を掴まれた痕が残っているのも事実だった。

「夢は夢でも悪夢だな。できれば早く覚めてほしいぜ、クソ！」

有馬はそう悪態をつきながら、首を左右に振る。

そのうち道代の母親は、両手で顔を押さえて弱々しく泣き始めた。

道代はそんな母親の背中を優しく摩《さす》りながら慰める。

「何だよ、結構仲が良いじゃないか」

二人の様子を見てソファーから立ち上がると、有馬は少し不貞腐《ふてくさ》れた。

「ごめんね、先に寝ていていいよ。私はお母さんと少し話すから」

道代も目に少し涙を浮かべていた。

いろいろと納得いかないが、このまま起きていても仕方がないので、有馬は寝室に戻って自分の布団に寝転がった。

左足首の痛みは、まだ消えていない。

有馬は横向きになって寝ると、そのままリビングで寄り添う母娘を見守った。

「虐待だ、嫌いだなんて言っていたけど……不思議な母娘だな」

道代は母親に何事かを小声で話しかけている。それに対して母親は素直に頷《うなず》いていた。

〈彼女達には、彼女達にしか分からない事情があるのだろう〉

有馬がそんなことを思っていると気のせいか、母親の姿が薄くなり始めた。

有馬は驚いたものの寝たまま何もせず、二人の動向を窺《うかが》った。

母親が透けてきたせいで、彼女の向こうにあるキャビネットが見えるようになった。

そんな母親の背中を、道代はずっと優しく摩り続けていた。

やがて母親は、完全にリビングから消えてしまった。

「ふう」と道代は、有馬に聞こえるように大きな溜め息をついた。

「お母さん、また瞬間移動で実家に帰ったのか？」

今の有馬は、自分でも驚くほど冷静に話すことができた。

「違うよ。あの世に戻ったの、多分」

道代はティッシュで涙を拭きながら言う。

「どういうことだ!?」

驚いた有馬は、布団から上半身を起こして道代に訊ねた。

「私のお母さん、数年前に癌で死んでいるの。でも生前、私に依存していたのが止められないらしくて、たまにこういう形で帰ってくるの」

有馬はもう、完全に道代とその家族に付いていけなくなっていた。

「いや、いやいや。あれは母親の幽霊ということか？」

「そうだよ。お母さん自身は、自分は生きていて、お父さんは死んでいると思い込んでいるらしいけど。大体、人間が瞬間移動なんてできるはずないでしょ」

「違う、そうじゃない」と叫ぶのを我慢して有馬は話を続ける。

「思い込んでいるって、お前の父親は死んだのでは？」

「ううん、さっきはお母さんに話を合わせていただけ。お父さんは施設に入っていて今でも生きている。認知症はどんどん酷くなっているけど、身体のほうは凄く元気みたい」

「じゃあ、母親と一緒にここに来て叩かれていた男は？」

「あの痩せた背広の男のことでしょ。私は知らない。お母さんはお父さんだと思い込んで毎回叩いているみたいだけど、あいつはお父さんと全然似てないもの」

有馬の左足首が、また強く疼《うず》く。

「一体何なんだよ、お前の家族は⁉」

「何って、私に聞かれても困る」

少し疲れた様子の道代は、冷蔵庫を開けると有馬の飲みかけのミネラルウォーターを飲み干した。そして素知らぬ顔で寝室に入ってくると、有馬の隣の布団に入った。

「あ〜、疲れた。でもお母さん、今夜は素直に帰ってくれたほうなのよ。いつもは明け方まで話を聞いて慰めないといけないの。じゃあ明日の焼き肉、楽しみにしているね」

道代は先ほどリビングで起こった異常な出来事も、まるで日常的なことのように言うと、また頭から布団を被って、さっさと一人で寝てしまった。

有馬はまだ短期間とはいえ、付き合っているこの道代という隣で寝ている女性が、急に別の世界の住人に思えてきて、今更ながら身体が震えてきた。

「悪いけど、俺には無理だ。お前の家族……」

道代が完全に寝たのを確認すると、有馬はこっそりと着替えた。

そして静かに寝室を出て、そのまま逃げるように帰ろうとした。

「焼き肉、ごちそうしてくれないんだ?」

すると、背後から布団を被ったままの道代が小さな声で言った。

「……ごめん」

有馬は布団のほうを見ないで道代に謝った。

「いいよ。慣れているから」

その声から道代が、また泣いているのが分かった。

前の彼氏とも、このことで別れたんだろうな、と有馬は想像した。

「今から出るから、鍵を掛けろよ。元気でな……」

有馬も泣きながら、絞るような声で言った。

「うん、ありがとう。さよなら」

それが道代との最後の会話だったという。

「正直、凄く怖かった。同時に何もしてやれない自分が不甲斐なかった。せめて最後に焼き肉ぐらいは奢《おご》ってあげればよかった」

有馬は道代との短い思い出を振り返りながら、帰りの車の中でそう思ったそうだ。

その後の有馬の話では、マッチングアプリのサイト内に、今でも更新の止まった道代のマイページが存在しているという。

有馬はたまに、そのマイページ内で微笑む道代の写真を見返しているらしい。

「これだけ見ると普通の女の子なのになぁ……」

有馬は最後に、寂しそうな顔でそう呟いて話を終えた。

302号室

仙田さんは、都内にある会社に勤める三十代の男性だ。

彼は仕事柄、よく地方に泊まりがけで出張に行く。そして数年前、S県の地方都市に出張したとき、あるビジネスホテルに泊まったという。

相手方の企業と商談を終えた夕方、初めて泊まるそのホテルにチェックインした。

これと言って特徴のない小規模なビジネスホテルだったが、館内はとても清潔でスタッフ達の礼儀も正しかった。部屋の番号は３０２号室。

このホテルの近くに同じ宿泊料金で、もっとサービスの良いチェーン系の大手ビジネスホテルもあった。

しかし以前、別の場所でその系列ホテルに泊まり、トラブルに遭って嫌な思いをしたことがあるので、あえてマイナーな今回の小規模なホテルを選んだのだ。

仕事を終えて酒の飲める人なら、このまま繁華街にでも繰り出すところだろうが、仙田さんは全くの下戸だった上に、その日に限ってやたらと疲労感が強かった。

結局、仙田さんはホテル近くのコンビニで弁当を買って食べ、簡単にシャワーを浴びると早々に寝ることにした。

寝間着に着替えてシングルベッドに寝ようとすると、同じ枕が二つ並べてある。

「どう見てもシングルベッドなのに。こんなミスをするんだなぁ」

仙田さんが笑いながら、手前側にある枕をどけようとして触れたとき、

「ひゃっ」という女性の悲鳴みたいな声が部屋の中に響く。

仙田さんはその悲鳴だけでなく、枕の触り心地にも驚き、手を引っ込めた。

その枕の感触はまるで大きなゼリーみたいにプルンプルンで、とても冷たかったのだ。

「何だ、こりゃ？」

もう一度枕に触れようとすると、それは目の前で枯れるようにしぼんでいき、あっという間に跡形もなく消えた。

幸いもう一つは普通の枕で、悲鳴も上げず冷たくもなかった。

「あ〜、こういうこともあるのか〜」

たった今、目の前で異常なことがあったにも拘らず、仙田さんの脳はとにかく早く眠れ、と命令してきたので彼はそれに従った。

「さっきの悲鳴、妙に可愛く聞こえたなぁ」

仙田さんはそれだけ思うと、あっという間に眠りに落ちた。

そしてその晩も翌日もこれと言って、不可思議なことは起きなかった。

「やっぱり、ただ疲れが溜まっていただけなのか？」

だが、昨日の枕が発した悲鳴やその冷たい感触、消えた瞬間のことは生々しく記憶に残っており、仙田さんは幻覚などではなかったと確信していた。

それでも、彼は特に怖いとは思わなかったらしい。

仙田さんは消えた枕について、ホテル側に何も言わずにチェックアウトした。

それから半年間、商談が難航したために仙田さんは同じ企業相手に三回ほどS県へ出張した。そのたびに、このホテルの302号室を利用したという。

仙田さんはどうしても、あの悲鳴を上げた枕と再会したかったそうだ。

「何かあの悲鳴が可愛くて、ずっと記憶に残っていました。勝手に女の子と添い寝している自分を妄想したりして……」

しかし仙田さんのニヤケ笑いを孕んだ願望も空《むな》しく、初回を除く後の三回の宿泊では、シングルベッドに二つの枕が置かれていることはなかった。


それから約一年後、仙田さんは再びS県にやってきた。

出張先は前回と同じ都市だったが今回は商談先の場所が違っていたので、あの悲鳴を上げる枕と出会ったビジネスホテルとは別のホテルに泊まった。

そして夕方、先方との商談が終わってホテルにチェックインする。今回に限ってそれほど疲れていなかった仙田さんは、何かうまい物でも食べようと、タクシーを呼んで繁華街へと向かった。

繁華街で、美味しい上に値段も控えめな郷土料理店を見つけ、その土地の名物料理を堪能した後、仙田さんはすぐにタクシーを呼ばず、何となく知らない街をぶらついた。

そしてスマホでこの辺りをいろいろと検索していると偶然、以前に何度も泊まったあの小規模なビジネスホテルが近くにあることが分かった。

今夜行ったところで、あの枕と再会できる訳ではなかったが、仙田さんは急ぎ足で例のホテルに向かった。

「えっ、本当か⁉」

目的のホテルの建つ場所に来ると、仙田さんは愕然とした。

ホテルの建っていた場所に建物はなく、更地になっていたのだ。この一年の間に何らかの理由で閉館、取り壊されてしまったのか。

急なことでウェブサイトだけが、削除されずに残っていたのだろう。

もし機会があれば次こそはもう一度、このホテルの３０２号室に泊まってあの不思議な枕と再会したいと思っていた仙田さんは、残念に思いながら帰りのタクシーを呼んだ。

それから約半年後、仙田さんは再びＳ県に出張に行く機会に恵まれた。そのときは他の仕事で忙しかったため、ホテルの手配は信頼している後輩に頼んだ。

仙田さんが出張前日に宿のことを確認すると、何と前回訪れたとき、建物ごとなくなっていたあの小規模なホテルの名前で、住所も全く同じだった。

「ああ、一度壊してからリニューアルオープンでもしたのか」

仙田さんは一人納得した。だが、後輩が予約した部屋は３０１号室。

残念ながら、３０２号室は他の客が予約済みだった。

「まあ、新しい建物だから部屋番号がどうであれ、あの枕との再会はないだろう」

仙田さんはかなり残念に思いながら、改めてホテルのホームページを詳しく確認すると、何故かリニューアルオープンについては一切記載がなかった。

出張の当日、早めに駅に着いた仙田さんは、相手企業との待ち合わせ場所に行く前に、今夜泊まることになっている例のビジネスホテルを見にいった。

「えっ、これは……」

あのホテルは確かにあった。仙田さんの思った通り、一度壊してから新しく建て直したらしく、ホテル全体が新しく綺麗になっていた。

だが、仙田さんは少し違和感を覚えた。壊される前と外観が寸分違わなかったのだ。

ホテル名のロゴデザインはまだしも、外壁の色、玄関のデザイン、窓の形、駐車場の位置や外に置かれた自動販売機とそのメーカーなどなど、細部に至るまで仙田さんが以前に泊まったときと全く同じように再現されていた。

「以前のときと全く同じ姿で復活している……。何かこだわりでもあるのだろうか？」

仙田さんは驚きながらも、約束の時間のため相手企業との待ち合わせ場所に向かった。

そして商談を終えた夕方、仙田さんがホテル内に入ると更に驚いた。

ホテル内部までもが以前と同じように再現されている。壁の配色やドアのデザイン、フロントの作りからカーペットの種類。そして宿泊する部屋内部の造りや、細かな家具の配置まで全く同じだった。

ここまで来ると少し気味が悪かったが、先ほども思ったように創業者に何か強いこだわりがあるのかもしれないと、仙田さんは自分に言い聞かせた。

逆に変わったこともある。それはホテルスタッフ達の態度やサービスの劣化だ。

全員、陰気な態度でろくに挨拶もせず、こちらから何か言わないと殆どのことをやってくれない。中には用を頼むと、露骨に舌打ちするスタッフまでいた。

こんなホテルでは、あの枕との再会どころの話ではない。

仙田さんは翌朝、不機嫌なまま早々にチェックアウトすると駅に向かった。

二度とこのホテルは使わないと誓いながら。

東京の会社に戻ると、ちょっとした事件が起きていた。今回、ホテルを手配してくれた仙田さんの後輩が、昨日今日と無断欠勤をしているというのだ。

電話は繋がるため、上司が欠勤の理由を訊ねたが、意味不明な言動を繰り返すばかりで、すぐに電話を切ってしまうらしい。メールでの返信は一切なし。

仙田さんも心配して電話をしたが、やはり要領を得ない返答ばかりしてきた挙げ句、「僕の居場所を見つけたんです」という言葉を最後に、連絡に応じなくなった。

仙田さんは、ふと思った。

「あいつ、俺が指定した訳でもないのに、どうしてわざわざあのマイナーな小規模ホテルを選んだんだ？」

数日後、その後輩は退職代行業者を通して、正式に会社を辞めてしまった。

「誠実で頼りになる奴だったのに……。何か悩みでもあったのだろうか」

仙田さんはそんなこと思いながら、あの小規模ホテルの口コミレビューを検索してみた。

案の定、低評価の嵐だったが、一人だけ高評価を付けている人間がいた。

「ここが僕の居場所です。投稿者Ｙ．Ｈ」
Ｙ．Ｈは後輩の名前のイニシャルと一致していた。
次にそのホテルの宿泊予約ページを見てみる。

３０２号室を除いて、全ての部屋が空いていた。

「まさか、あいつが３０２号室に？」

仙田さんは、何とも言えない不穏な気分のまま予約ページを閉じた。

それから仙田さんは時々、あの小規模ホテルのレビューを見るが、相変わらず低評価が増え続けている。それでもホテルは普通に営業を続けているみたいだった。

更に宿泊予約ページでは、いつ見ても３０２号室だけは埋まっているという。

理容室

私が現在勤める会社では月に一、二度くらい、終業時間後にミーティングルームで緩い感じの飲み会がある。

参加は自由で、とにかく飲みたい人、誰かとしゃべりたい人達が適当に集まる。

もちろん、飛び入りも途中退場も自由。

あまり他人とのコミュニケーションが得意ではない私でも気軽に参加でき、他の部署の人々と情報交換ができるので、今ではなるべく参加するようにしている。

また、この飲み会で聞いた怪談や奇妙な体験談も少なくない。

今回も、この飲み会で貴重な体験談を聞くことができた。

私の部署で、嘱託社員として働く広田さんという年配の男性がいる。

定年後に再雇用された元社員で、謂わば私の大先輩に当たる人だ。

広田さんが現役だった頃は部署が違うため、殆どお会いしたことはなかった。

現在は私のいる部署で、派遣社員やパート職員の指導を任されている。

以前、例の緩い飲み会でたまたま広田さんと二人きりになったことがあった。

広田さんのフランクな性格は知っていたので、私も気軽に話しかけることができた。

広田さんは私の見る限り、オカルト系の話を信じるか信じないかではなく、殆ど関心がないタイプの人だった。

飲み会で私や他の社員が怖い話などを始めても、広田さんだけはいつも「くだらんなぁ」といった顔つきで聞き流している様子だった。

「広田さん、突然ですが何か怖い体験や奇妙なことに遭遇したことはありませんか？」

軽く酔いが入ったところで、私は広田さんにストレートに聞いてみた。

広田さんは少し考えこむと、「会社の他の者達に言わないなら」という条件で、自身の体験談を私にだけ教えてくれることになった。

ちなみに本に載せていいかと聞いたときは、結構渋られたが、本名や会社名、地域名を出さないということで、こちらも許可を頂いた。

そして広田さんは新たな缶ビールの蓋を開けて、一口飲むと話し始めた。

今から約三年前、ちょうど広田さんが退職した日まで話は遡る。

私は参加できなかったが、その夜は会社が終わった後、貸し切った居酒屋で広田さんの送別会があったという。

送別会が終わり、いざ帰宅となったとき、広田さんは酔い覚ましに電車ではなく歩いて帰ることにした。

駅にして三つほどの距離で、歩いて帰れない訳ではない。

お祝いに貰った花束を抱え、顔を赤くしながら上機嫌で家へと向かう。

家まであと、一駅分という所まで来たとき、暗い商店街の中で一軒の理容室が目に入る。

広田さんの幼なじみの夫婦が経営していた理容室だった。

幼なじみ夫婦のうち、奥さんの順子さんは去年、心労が元で亡くなった。

順子さんが亡くなってから、夫の忠司さんもすぐに店を廃業してしまった。

開業当時の数十年前は、自宅一階を改装しモダンな店構えで流行《はや》っていた理容室も、今では町の古ぼけた床屋の一つにしか見えなかったという。

ここ十数年、日本全体の不景気が続いた。そこに激安カット店が乱立し、加えてコロナが猛威を振るった。理髪業界の苦しさはどこも同じで、他の個人店と同様に夫婦の店の経営もどんどん行き詰まっていった。

「昔はよく通ったものだが、ここ最近はずっと年賀状のやり取りだけだったな。順子の葬式が、久しぶりの再会の場になるとは寂しかった。昔から陽気だった忠司も俺と同じく老け、それ以上に憔悴《しょうすい》していた……」

また、広田さんは幼なじみ夫婦の一人息子、忠典が一流企業に就職したものの、ハードな労働環境で精神を患い、現在も引きこもり中だと風の噂で聞いていた。

「お互い、歳を取るといろいろあるな」

広田さんは、照明が消えて暗くなった理容室の中をガラスドア越しに覗く。

昔はこの店内で夫婦が笑いながら、客の髪をカットしたり髭《ひげ》を剃ったり、パーマを掛けたりしていたのだろう。

しかし、今はレジカウンターや受付の椅子、漫画を並べた本棚、そして三台ある理容椅子も全て暗闇の中で沈黙している。

広田さんがそろそろ立ち去ろうとしたとき、急に店内の明かりが点いた。

明るい店内には、真っ白なウエディングドレスを纏《まと》い、両手にブーケを持った若い女性が、広田さんのことを見つめながら立っている。

それを見て、広田さんの酔いが一気に吹っ飛んだ。

忘れもしない、その花嫁姿の女性は数十年前の若き頃の順子さんだった。

「私、選ぶ人を間違えたかもしれない……」

同時に広田さんの脳裏に、順子さんの声でそんな台詞《せりふ》が再生された。

実は広田さんと順子さんは、二十代前半の頃、付き合っていたときがあった。

だが交際期間は二年弱と短く、順子さんのほうから一方的に別れを告げて去っていった。

広田さんとしては、未練はあったが自由奔放な性格の順子さんと自分とでは、男女の関係として合わないな、と交際中に感じていたのも事実だった。

それから一年後、順子さんと忠司さんの結婚式の案内状が広田さんの元に届いた。

このとき、広田さんはかなり複雑な思いだったが、昔から家族ぐるみで付き合いのあった幼なじみ二人の結婚式に出席しない訳にはいかなかった。

だが結婚式前夜、順子さんから広田さんへと電話が掛かってきた。

何事かと思って電話に出ると、

「私、選ぶ人を間違えたかもしれない……」

とだけ言って順子さんは、一方的に電話を切ったという。

それを聞いて正直、広田さんは「何を今更」としか思わなかったそうだ。

結婚式当日、あんな電話をしてきたくせに順子さんは幸せいっぱいな笑顔を振りまきながら、忠司さんと永遠の愛を誓い合った。

出席した広田さんには、殆ど目をくれずに。

新たに夫となった忠司さんは、将来自分の店だけではなく、幾つもの理容室を経営するオーナーになると豪語した。

しかし実際は、自宅の一号店を夫婦で維持していくのが精一杯だった。

その後、遅れて結婚した広田さんのほうは、現在の会社で順調に出世していった。

それから長い時が経ち、幼なじみ夫婦とは自然と疎遠になっていった。

そして順子さんが亡くなる少し前のある日、広田さんは会社の用件で偶然、夫婦の店の前を昼間に通ったことがあった。

夫婦とは大分疎遠になっていたし、仕事の忙しかった広田さんは挨拶をするのもやや億劫《おっくう》だったので、チラッと理容室の中を覗くだけにした。

理容室の中に客はおらず、頭の薄くなった忠司さんが老眼鏡を掛けてカウンターで新聞を読んでいた。

若い頃に比べて大分太った順子さんは、後ろに倒した理容椅子にもたれかかり、天井を見上げたまま気怠そうに来ない客を待っていた。

順子さんのそんな姿に、かつて自由奔放でいつも周りに元気な笑顔を振りまいていた頃の彼女の面影はなかった。

それから間もなく、順子さんは亡くなった。

店の経営難と引きこもりの一人息子を抱え、それが心身への負担となったのだろう。

朝、布団の中で冷たくなっていたという。


「順子……なのか。何故今頃、そんな恰好で現れた？」

広田さんは悪酔いして、夢か幻でも見ているのではないかと、何度も目を擦《こす》って美容室の中を見直したが、どう見ても花嫁姿で立っているのは若き頃の順子さんだった。

順子さんは、しゃべりはしないが目を輝かせ、やや媚びを売るような仕草と表情で広田さんのことを真っすぐ見つめていた。

　広田さんに店の中に入ってきてほしいと、その瞳が語っていた。

　ロマンティックな表現をすれば、英雄に救ってもらうのを待つプリンセスのように。

　順子さんのそんな顔を見て、短い期間だったが彼女と過ごした楽しく甘い日々の思い出が、広田さんの頭の中を駆け巡る。

　順子さんと結婚したら？　と考えたのも、一度や二度ではない。

「だが君は結局、忠司を選んだじゃないか」

　広田さんが堪《たま》らず、美容室内の順子さんに向かって言った。

　しかし、順子さんはそんな言葉を無視して静かにガラスドアの前まで来ると、今度は甲を上にしたまま左手を広田さんに差し出す。

　その薬指には、かつて結婚式で忠司さんにはめてもらったはずの結婚指輪がなかった。

「駄目だ、俺はそっちに行けない。お前に渡す指輪もない。早く、早く天国へ行ってくれ。今更、俺を惑わすな！」

　数十年前の未練を掘り出された広田さんは、頭を抱えながら悲痛な思いで叫ぶように順子さんにそう言うと、理容室の前から走って逃げた。

　その後、理容室兼幼なじみ夫婦の自宅と土地は売りに出され、すぐに買い手が付いたのか、あっという間に建物は壊されて更地になった。

忠司さんとその息子の忠典は、近くのアパートに引っ越したということだ。

辛く、そして恐ろしいとは思ったものの、花嫁姿で現れた順子さんのことがどうしても気になった広田さんはある日の退勤後、今度は更地になったその場所に行ってみた。

どうかあの夜、理容室で自分が会った若き日の順子さんは幻であってほしいと。

だが、その願いはすぐに裏切られた。

夕暮れ、まばらながらも人通りのある中、更地には花嫁姿の順子さんが立っていた。

しかし、順子さんは前回の若い姿ではなく、広田さんと同じ年齢の年配女性だった。

昔と違って全体的に太った年配の順子さんは、皺の増えた左手の甲を上にし、再び広田さんに差し出した。

「やっぱりきてくれたのね」と言わんばかりの、うっとりとした表情で。

広田さん以外の周りを行く人々には、この年配の花嫁姿の女性は見えていないようで、皆、何事にも気付かず更地の前を通り過ぎていく。

黄昏時、過去にしがみつくように純白の花嫁姿で更地に立つ、年配女性。

そんな姿の順子さんを見た広田さんは、若い頃の彼女との甘酸っぱい思い出など頭から吹っ飛んでしまい、恐ろしくなって再びその場から逃げ出した。

激しく動揺しながら、「もう二度とあそこには行くまい」と。

それから数日後、広田さんの家に幼なじみ夫婦の一人息子、忠典が突然訪ねてきた。

広田さんが覚えている子供の頃の忠典は、利発で活気に溢れた少年だった。

しかし三十半ばになった現在、髪の毛はボサボサで無精髭《ぶしょうひげ》を伸ばし、ヨレヨレのシャツを着て腹の出た男に、昔の忠典の面影はなかった。

「父さん、死にました」

忠典は広田さんの目を見ず、まるで他人事のように呟いた。

「何だって、忠司が⁉」

忠典を詳しく問いただすと、今朝、引っ越したアパートで忠司さんがテーブルに突っ伏したまま死んでいたらしい。

「父さん、最近は母さんが夢に現れて怖い怖いって怯えていた。一日中、お酒を飲みながらそればかり言っていた」

それを聞いて広田さんは自分の見た花嫁姿の順子さんを思い返し、戦慄した。

「とにかく、忠司が亡くなったことを親族達に知らせないと……」

一人では何もできない忠典に代わって、広田さんはまず救急車に連絡し、更に忠典の親族に忠司さんが突然死したことを伝えた。

死因は、多量の飲酒が間接的に引き起こした心不全によるものだったという。

それから忠司さんの通夜や葬儀も広田さんとその家族は手伝いをし、慌ただしくもそれらは何とか無事に終わった。

ただ葬儀の最中も、忠典は小さな子供のようにボウっとしているだけだった。

忠典は工場を経営する親戚に引き取られ、そこで社会復帰へのリハビリを兼ねて少しずつ働くことになった。

忠典が親戚の元へ行く前日、彼は広田さんの家にやってきた。

「いろいろと、お世話になりました。親戚の所で真面目に働きます」

忠典は頭を下げた後、広田さんに指輪を差し出した。

それを見て全身に寒気が走る。

「お母さんが、この指輪を広田のおじさんに渡してくれと、言っていました」

「それは、順子……お母さんが生きているときに渡されたのか？」

広田さんは身体を震わせながら、忠典の持っている指輪を見つめた。

それは順子さんと付き合っていたとき、広田さんが彼女にプレゼントした物だった。

決して高額ではないが、若かった広田さんが順子さんのために奮発して買った物だ。

「いえ、昨日の夜にアパートに現れて、渡されました。いい歳をしてウエディングドレスなんか着て、お母さん、何かおかしいよと言ったのですが、僕が指輪を受け取ると何だかウキウキしたまま、消えてしまいました」

忠典は、広田さんの顔をしっかりと見つめてそう言った。

そんな忠典に順子さんの面影がチラつき、広田さんは眩暈《めまい》を感じた。

そして倒れそうになるのを堪《こら》え、震える手で忠典から指輪を受け取った。

「お母さん、消えるときにおじさんのこと、ずっと待っている、と言っていました」

帰り際、忠典はそう言い残して去っていった。


広田さんは話を終えると、私にその指輪を見せてくれた。

プラチナのリングに、小粒のダイヤをはめたシンプルなデザインだった。

「馬鹿だと思うだろう？　順子のことを怖いと思っていても、未だに捨てられないんだ」

広田さんは、この指輪をいつも財布の中に忍ばせているのだという。

「ではいつか、この指輪を順子さんの薬指にはめたいと思っているのですか？」

私の不躾《ぶしつけ》な質問に、広田さんは苦笑しながら否定した。

「今度、俺はおじいちゃんになるんだよ。順子のことは未練がないと言えば嘘になるが、さすがにかつて俺を捨て、ましてや死んだ女のところに戻るつもりはないよ」

最後に私が、順子さんが花嫁姿で立っていた具体的な場所を訊ねたが、広田さんはそれだけは頑として教えてくれなかった。

「あそこだけは俺達だけの聖域なんだ。たとえ順子が幽霊になったとしても……」

広田さんは、現在も私と一緒の職場で元気に働いている。
そしてスマホの待ち受け画面は、可愛らしい初孫の笑顔になっていた。

死亡フラグ

「ちょっと船を見てくる」

台風のとき、自分の持ち船が心配になった漁師がそう言って海や川に向かい、そのまま帰らぬ人となるニュースをたまに聞く。

「あれを死亡フラグと言って茶化す奴、本当に殴りたくなります」

M県出身で実家が漁師の古村君は、強い口調でそう言った。

船はそれ自体が高価であるし、加えて燃料や修繕費など、維持し続けるためにたくさんの費用が掛かるそうだ。

つまり漁師の命と同等なのだと、古村君は強調する。

実は古村君のおじいさんも過去、台風のときに「ちょっと船を見てくる」と言って港に行き、行方不明になった漁師の一人だった。

だから、彼は死亡フラグという言葉にかなり敏感になっていた。

更にそのとき、同時に不気味な体験もしたという。

十数年前、古村君が中学生だった頃の話だ。

夏休みが終盤に差し掛かった頃、彼の実家周辺の地域に、大型の台風が直撃した。

もちろん、近隣の全ての漁師達も、台風によって港に泊めてある持ち船に被害が及ばないよう、入念に対策を施していた。

古村君のおじいさんも、そのうちの一人だ。

それでも過去の経験から台風の恐ろしさを知っているおじいさんは、雨風が激しくなってきた夕方、「ちょっと船を見てくる」と合羽《かっぱ》を着こむと一人で実家を出て、船を泊めてある港へと向かった。

当時、家には中学生の古村君とそのおばあさんしかいなかった。

古村君の両親は近所の公民館に、手伝いに行っていたのだ。

「やめておきなさいよ。こんな激しい雨風の中、海の近くに行くなんて自殺行為じゃない。それはあなたが一番知っていることでしょ？」

当たり前だが、おばあさんは自分の夫を必死になって止めた。

だがおじいさんの船は最近、大金を掛けて修理をしたばかりだった。

そんな大切な船に何かあっては大変と、いても立ってもいられないおじいさんは、おばあさんの警告も聞かずに強い台風の中、外に出ていったのだ。

おじいさんが出かけて三十分ほど経ったとき、玄関の大きなガラス格子戸を強く叩く音がした。

「おじいちゃん、帰ってきたよ！」

おじいさんが無事に帰ってきたと思って、古村君は玄関に向かった。

しかし、彼は鍵を開けておじいさんを迎え入れることができなかった。

雨の激しく降る玄関の外に、たくさんの謎の明かりが並んでいるのが、格子戸のすりガラス越しに見えたからだ。

また同じく玄関の外には、ぼやけながらも謎の明かりに照らされた、複数の人影も確認することができた。

謎の明かりの正体は、すりガラス越しに見えるシルエットからするとどうやら提灯と思われた。それらを持った大勢の人々が、古村君の実家の玄関前に無言で立っているようだった。

「近所の人達……？　それにしては人数が多いし、何でこの雨の中を皆、懐中電灯じゃなくて提灯を持ってきたのかな」

古村君は訝《いぶか》しく思いながらも、玄関の外に立つ人々に声を掛けようとした。

すると家の中からおばあさんが近づいてきて、古村君の口を手で塞ぐ。

そしておばあさんは、古村君が辛うじて聞き取れる小さな声で言った。

「外の奴らとしゃべるんじゃないよ。このままジッとしていな」

おばあさんの両目は涙で濡れていた。

「あいつらが来たということは、おじいさんはもう、帰ってこない。ついでに私達も連れていこうとしている……」

雨が激しさを増す中、外の提灯集団は全く動かず、一言もしゃべらない。

「おじいちゃんが帰ってこない？」

古村君は状況をよく理解できないまま、玄関でおばあさんと一緒に息を殺し、ジッと動かずに立っていた。

どれくらい時間が経っただろうか。

玄関の外に並んでいた提灯の明かりが、一斉に消えた。

辺りには勢いを増した雨風の音だけが響いていた。

「……もう、動いても大丈夫だよ」

そう言われて緊張の糸が切れた古村君は、その場に座り込んだ。

そして「あいつら、何？」とおばあさんに聞く。

おばあさんは険しい顔つきで「分からない。でも昔から台風の夜になるとここら辺りに現れて、外にいる不幸な人をさらっていくんだよ」と答えた。

おばあさんの言う通り、港に行った古村君のおじいさんは行方不明になり、二度と帰ってこなかった。

「玄関の外にいた奴ら、昔から地元に現れるらしいのに名前がないんですよ。はっきりとした姿も分かっていない。見たら確実に海に連れていかれるから。祖父も奴らに連れていかれたのでしょう……」

おじいちゃん子だった古村君は、目頭を押さえながら語る。

「あの嵐の翌日、玄関の外に出たら、家の前にたくさんの小さな魚介類や海藻が落ちていました。実家近くの海では、まず獲れない魚や海藻ばかりで、それらの殆どが何故かすり潰された状態で放置されていました」

古村君は今でも実家に帰るたびに、地元に残って漁師になった同級生達にその話をして、自分の祖父と同じような末路を辿らないように、注意喚起しているという。

托鉢僧《たくはつ》

東京のO区で花屋の店主をしている、シングルマザーの諸井さんから話を聞いた。諸井さんは小学校低学年の頃から、よく祖母の家に遊びにいったという。

両親が共働きで、友達の殆どいない鍵っ子だった諸井さんを不憫《ふびん》に思った祖母は、そんな彼女を連れて外へ出かけた。

二人が最寄り駅へ行くと、改札口の隅にしばしば托鉢僧が立っていた。

笠で影になり、顔はあまり見えなかったが、下顎に伸びた無精髭が印象に残っていると諸井さんは語る。また僧が身に着けている袈裟《けさ》や頭陀袋《ずだぶくろ》、草鞋《わらじ》などは年季が入っており、全てがボロボロだった。

その托鉢僧を見かけると祖母は必ず、近寄って合掌し、財布に入っている小銭を全て、僧が片手に持つ鉢の中に入れる。

すると托鉢僧は、チリ〜ンと鈴を一回鳴らし、低い声でお経を唱える。

祖母は僧に一礼すると、晴々とした顔つきで諸井さんの元に戻ってくる。

諸井さんは何度もそのやり取りを見ているうちに、自分もやりたくなった。

そこである日、いつものように祖母と最寄り駅に行き、托鉢僧が立っているのを確認すると今日は自分がやる、と祖母に小銭をせがんだ。

祖母は私がやっている通りにしてごらん、と微笑みながら諸井さんに小銭を渡す。

諸井さんは少し緊張しながら托鉢僧に近づき、合掌した。

托鉢僧は小さな彼女のためにしゃがみ、ゆっくりと鉢を差し出す。

彼女は十円玉を一枚ずつ、計五枚を鉢に入れた。

托鉢僧は、しゃがんだまま鈴を鳴らす。

諸井さんは托鉢僧の髭の生えた口元が、微笑んでいたのを見て少し嬉しかった。

チリ〜ンと鈴を鳴らし、立ち上がった托鉢僧は、お経を低い声で唱え始めた。

それが諸井さんと祖母の見た托鉢僧の最後の姿だった。

近所の人の話によると、諸井さん達が最後にお布施をした日から数日後、托鉢僧は駅前で急に吐血し、救急車で運ばれてそのまま帰らぬ人になったという。

詳しくは分からないが、何か大きな病気を患っていたらしい。


それからまた数日経って、諸井さんと祖母は最寄り駅の改札口近くを通った。

〈チリ〜ン〉

唐突に鈴の音が鳴り、驚いた二人は辺りをキョロキョロ見回したが、もちろんあの托鉢僧の姿はない。

駅周辺に別の托鉢僧や、鈴の音を鳴らすような物体も全くない。

「あのお坊さんかな？」と諸井さん。

「そうかもしれないね」と祖母は頷く。

そして二人で以前、托鉢僧が立っていた改札口の隅に手を合わせた。

〈チリ～ン〉

もう一度、鈴の音が静かに鳴った。


それから数十年の間、諸井さんは地方で結婚、出産、離婚を経験し、数年前に娘一人を連れて東京に帰ってきた。

諸井さんは、かつて鍵っ子だった自分を面倒見てくれた祖母の家に住むことになった。

昔、托鉢僧が立っていた最寄り駅はビルと合体し、原形を留めていないくらい綺麗に改装、整備されており、当時の面影は全くなかった。

引っ越しが終わって落ち着いた後、諸井さんと娘さんは駅ビルに買い物に来た。

「昔、お婆ちゃんと私がこの駅に来ると、托鉢をしているお坊さんがいたの」

諸井さんは自分の過去を話したが、娘はスマホを見ながら全く関心がない様子。

「ふーん」と気のない返事をして、一人トイレに行ってしまった。

〈チリ～ン〉

数十年ぶりに聞く、あの鈴の音。
ハッと何かを感じた諸井さんは娘を待っているのを忘れて、ある場所に向かう。
〈チリ〜ン〉
諸井さんが着いたのは、ビルの隅にある自販機コーナーの前。
かつて托鉢僧が立っていた、旧駅の改札口の隅だった場所だ。
〈チリ〜ン〉
自販機の前に托鉢僧がいた。ボロボロの笠や袈裟、そしてあの鈴。
間違いなく、祖母と一緒にお布施をした托鉢僧だった。
しかし昔と違って床に両膝をつき、ぜぇぜぇと苦しそうに荒い呼吸をしていた。
それでも托鉢僧は鈴を鳴らすのを止めない。
「お久しぶりです、大丈夫ですか?」
諸井さんが駆け寄ると、托鉢僧が顔を上げ、その勢いで笠が地面に落ちた。
痩せ細り、不健康に茶色く染まった托鉢僧の顔が露わになった。
髪の毛は殆ど抜け落ち、顔は皮が張り付いているのみ、というくらいに窶《やつ》れていた。
〈チャリンッ!!〉
托鉢僧は鈴を落とし、苦しそうにむせ込んだ後、地面に血を吐き散らした。
そんな状況でも、彼は諸井さんに向かって鉢を差し出した。

諸井さんは涙目になりながら、財布の中のお金を全て鉢に入れた。

そのとき、托鉢僧の懐《ふところ》から赤黒い腕が現れ、鉢の中のお金を全て掴み、引っ込んだ。

諸井さんは一瞬だけ、赤黒い腕の主の顔を見た。

その顔は托鉢僧の胸にくっついており、赤黒い顔に目鼻や口の部分には深く黒い穴が空いているだけだった。

赤黒い不気味な顔は口の穴にお金を放り込むと、顔全体を歪ませ、諸井さんに向かって醜い笑顔を見せた後、托鉢僧の胸に沈んでいった。

托鉢僧は落とした鈴を震える手で拾い、チリ〜ンと鳴らす。

そして救いを求めるような哀れな顔で諸井さんを見ると、彼女の前から消えた。


今でも諸井さんが駅ビルの自販機コーナーに行くと、チリ〜ンと鈴の音が鳴る。

それは娘さんには聞こえず、諸井さんだけに聞こえるようだった。

「お坊さんは助けを求めて、ずっとあの場所で鈴を鳴らしているんだと思います。でも、私ではどうすることもできない。あの、赤黒い顔が恐ろしいのです」

悲痛な表情で諸井さんは言う。

「一体、あのお坊さんの身に何が起こったというのでしょうか……？」

諸井さんは今でも時々、駅ビルの自販機コーナーに行くと、誰にも見られないように一輪の花を供えるという。
するとそれに反応するように、チリ～ンと鈴の音が響く。
それは、とても弱々しく悲しい音色だそうだ。

体育倉庫

舞岡さんが三十年ほど前に通っていた、母校の話をしてくれた。

都内の外れにあるその私立男子高校は、敷地が旧校舎と新校舎に別れていたという。

「今現在は男女共学になり、偏差値も大分上がって進学校の仲間入りをしているけど、俺がいた頃の生徒達は勉強もスポーツもそこそこ。不良っぽいのもいたけど、それほど気合いの入った奴らはいない。随分とのんびりとした雰囲気だったな。だが、そんな学校でも不穏な話はある」

舞岡さんの話によると、旧校舎の隅には使われなくなった体育倉庫があったそうだ。

その古い倉庫には放課後、教師達も殆どやってくることはなかった。

そのため一部の悪い生徒達がターゲットを呼び出し、隠れてイジメを行うための場所にされていたとの噂があった。

舞岡さんが実際にイジメの場面を見たことはないそうだが、体育倉庫の周りが柄の悪い不良っぽい奴らの溜まり場になっていたのは確かだった。

またそいつらの中には、これまたいかにもギャルっぽい派手な出で立ちの、他校の女子生徒も混ざっていたそうだ。

だがある日を境に、あの体育倉庫におかしなモノが現れるという別の噂が、不良達を含む全ての生徒達の間で囁《ささや》かれるようになった。

その噂とは、体育倉庫に「毛虫の赤ん坊」が現れるというものだった。

「最初、その噂を聞いたときは毛虫の赤ん坊って何だ？　毛虫は蝶や蛾の赤ん坊だろと、いろいろツッコんだものさ」

舞岡さんは笑いながらそう言った。

毛虫の赤ん坊の真偽はともかく、その噂が広がってしばらくしたら、体育倉庫にいつもたむろっていた不良達が消えたのは事実だった。

舞岡さんも興味本位で、仲間達と何度か体育倉庫に行ってみたが、結局、学校を卒業するまでの間に、毛虫の赤ん坊なるモノを見ることはできなかったという。

しかし学校を卒業後、舞岡さんが地元の成人式に参加したとき、毛虫の赤ん坊を実際に見たという同級生と再会した。

福本というその同級生は高校時代はバレー部で、舞岡さんとは殆ど接点のない生徒だったが、成人式会場の席がたまたま隣同士だったので話をしたそうだ。

偉い人の退屈で長いスピーチの間、二人の話題は体育倉庫の毛虫の赤ん坊になった。

「舞岡達みたいな文科系のクラブは知らなかったようだけど、あの体育倉庫は俺達体育会系とヤンキー達がつるんで、ヤリ部屋として使っていたんだ」

福本の話によると、体育倉庫は実はイジメの場所なんかではなく、体育会系生徒と不良達の不純異性交遊の場として使われていたのだという。

少々臭いのを我慢すれば、教師達も滅多に近寄らないので、スポーツ少年や不良生徒達が有り余る性欲を発散できる良い簡易ホテルだった。

不良達が倉庫前でたむろっていたのは、性行為をするための順番待ちと、見張りを兼ねていたのだ。

「つまりお前達は当時、あの体育倉庫で他校のギャルどもと、楽しくヤリまくっていたという訳か……」

舞岡さんは呆れ顔で言うと、福本はニヤリと笑って頷いた。

「だが、その楽しみも長くは続かなかったんだ」

福本の顔は、今度は急に暗い表情になり、当時の出来事を舞岡さんに話し始めた。

「仲間が皆、行為の最中、倉庫の天井から毛虫の赤ん坊が落ちてきたと言い始めた」

福本もその話を聞いた当初は、そんな馬鹿なことがあるかと思っていたそうだ。

しかし、ある日の放課後、他校の女生徒を体育倉庫に連れ込んで楽しもうとしたときだった。その頃は毛虫の赤ん坊の噂が不良達の間に広まり、他の生徒は誰もいなかった。

「見張りもいないから先公が来たらお終いだけど、それがまたスリルになって興奮したんだ」

福本は倉庫の床に柔らかい折り畳みマットレスを敷くと、そこに女生徒を寝かせた。

さすがにここで全裸になるのは抵抗があったので、福本と女生徒は下だけ脱いで行為に及ぶことにしたという。

その後、マット上で荒々しく唇を重ねている二人の頭上に、ボフッと何か柔らかそうな物の落ちる音が響いた。

福本が顔を上げると、床の上にピンク色のタオルを巻いた何かが転がっている。

タオルの中から、微《かす》かに赤ん坊の泣き声のようなものが聞こえてきた。

「毛虫の赤ん坊……」

女生徒に圧《の》し掛かっていた福本は、例の噂を思い出して硬直したという。

「何よ、どうかしたの？」

福本のおかしな態度を見て興ざめした女生徒が、そのまま仰向けになると彼女も頭上に落ちているピンクのタオルに気が付いた。

「これ、なあに？」

「触んな‼」

女生徒がタオルに触れたとき、福本は叫んで止めようとしたが遅かった。

タオルの中から、二人が今まで見たことのないモノがゴロンと転がり出た。

最初、それは毛むくじゃらの黒っぽい肉の塊《かたまり》に見えた。

だが、よく見ると塊は生まれたばかりの人間の赤ん坊の姿をしていた。

肌は複数の絵の具を中途半端に混ぜて塗りたくったような汚い色をしており、さらには全身から細い針のような鋭い直毛をびっしりと生やしている。

その異常な容姿は、毒々しい毛虫の身体を連想させた。

毛虫のような赤ん坊は手足や頭を震わせ、か細い声で助けを求めるように泣いている。

「ひぎゃあ!!」

福本の下になっていた女生徒は喧嘩中の猫のような悲鳴を上げ、下着を着けないままスカートだけを掴み、倉庫の扉を慌てて開けるとそのまま逃げていった。

同じように福本も急いで立ち上がり、毛虫の赤ん坊の姿に恐怖しながらも、慌ててパンツとズボンを穿いた。

しかし、いつの間にか毛虫の赤ん坊が福本の右足に抱きつき、そのまま彼の身体のほうに這い上がってこようとしていた。

ズボン越しでも針のような毛の嫌らしい感触が福本のスネに伝わる。

「ふ、ふざけんな!!」

福本は半狂乱になって足を動かし、毛虫の赤ん坊を振り払った。

その勢いで赤ん坊は倉庫の壁に叩きつけられた。

壁に汚い体液を残し、赤ん坊は床に落ちて更に大声で泣いた。

毛虫の赤ん坊の泣き声を尻目に、福本は大慌てで体育倉庫から脱出した。

そして他の不良達と同様、二度と体育倉庫に近づかなかったそうだ。

福本が話し終わると同時に偉い人のスピーチも終了した。

周囲の新成人達は拍手をしていたが、舞岡さんと福本だけは動かなかった。

「ウソだろ、ウソに決まっている。そんな赤ん坊なんて」

舞岡さんは半笑いで否定したが、福本は首を何度も横に振る。

「俺も後で知ったことだが、毛虫の赤ん坊は数年ごとにあの体育倉庫に現れるらしい。俺と嫁は運悪く、その年にぶつかってしまったんだ」

福本は自嘲気味に笑う。

「嫁だって？」

話の展開が読めない舞岡さんが疑問に思っていると、福本は更に続ける。

「そのときの女生徒と俺、そのまま付き合って、最近籍を入れたんだ。まあデキ婚って奴だ。それ自体はいいんだよ。彼女のことは好きだし、お互いの両親も説得した」

福本は一瞬だけ照れた顔を見せたが、すぐに先ほどまでの暗い表情に戻った。

「だけど毛虫の赤ん坊の噂、続きがあったんだ。アレを見た人間の子供は正常な状態では生まれてこないという続きが。障害などとは、別次元の問題だという話が……」

福本の話を聞いて、舞岡さんは背筋に冷たい物が走った。

「まさか、嫁さんのお腹の子が？」

「いや、今は四カ月だが医者の話によると健康だそうだ。しかし同じように過去、毛虫の赤ん坊を見た後、俺らよりも先にデキ婚をしたバレー部の先輩がいた。その先輩夫婦は子供が生まれた直後、すぐに離婚したそうだ。先輩の話によると、生まれた赤ん坊がとんでもない姿だったことが原因らしい。赤ん坊の詳しい姿は教えてくれなったが、俺も毛虫の赤ん坊を見たと言ったら、その先輩から真顔で中絶を勧められた。そして夫婦のままでいたかったらこの先、子供を作るなと警告もされた」

成人式はいつの間にか立食パーティーの時間となっており、席に座っているのは舞岡さんと福本の二人だけになっていたという。

「あの体育倉庫は、代々昔からヤリ部屋として受け継がれてきたそうなんだ。そしてここからまた噂の続きだ。倉庫内で毛虫の赤ん坊を見たカップルは必ずデキ婚をする。そして恐ろしい姿の赤ん坊を生み、破局する。生まれた赤ん坊のその後は不明らしい」

そこまで聞いて、舞岡さんは何も言えなくなってしまった。

「きっとさ、俺と嫁はあの体育倉庫に呼ばれ、毛虫の赤ん坊の仲間を増やす道具として選ばれたんじゃないかと思う。歴代のカップル達が、そう利用されてきたように」

舞岡さんはやっと「そんなホラー漫画や映画のような話があるはずない」と反論したが、顔が青ざめたままの福本には何も響かなかったようだった。

「……舞岡さえよかったら、また連絡するよ。話を聞いてくれてありがとう」

そう言い残して福本は成人式会場を後にした。

バレー部らしい長身の福本の後ろ姿は、そのときとても小さく見えたという。

約一カ月後、舞岡さんの自宅に福本から電話が掛かってきた。

「子供、堕《お》ろしたよ。当たり前だが嫁を説得するのに大変だった。名前も付けていたからな。医者は術後にえらく動揺しながら、俺や嫁のためにも堕胎して正解だったって言っていた。この時期の胎児は埋葬が必要らしくて、俺も自分の子供になるはずだったモノを見た。外道と言われそうだけど、毛むくじゃらの肉塊を見て堕胎して良かったと思った。こんな化け物のなりそこないでも、先祖の墓に入れなきゃならないとは……クソが‼」

舞岡さんは受話器を持ったまま「そうなのか」とだけ答えたそうだ。

そして福本は最後に、「酷い目に遭わせた嫁に対しては、一生を掛けて償っていくつもりだ」と言って泣きながら電話を切った。

福本との電話を終えた後、舞岡さんは改めて自分が、高校時代に体育倉庫で女生徒とヤリまくる側の人間でなくて良かったと安堵したという。

「あれから三十年くらい経つが、福本夫妻は今も仲良しだよ。子供はいないらしいが。そして過去に堕胎した異形の子を、実際に墓に埋葬したのかどうかは分からない」

額や鼻の頭から滲《にじ》み出た汗を拭《ぬぐ》わずに、舞岡さんは話を続ける。

現在、舞岡さんの母校は冒頭で述べたように男女共学の進学校になった。校舎自体も新しくなって例の体育倉庫も壊され、昔の面影は全くないそうだ。

だが、舞岡さんは真剣な顔で最後にこう語った。

「これは単なる臆測なんだけど……新校舎になっても、赤ん坊の毛虫はまだあの学校のどこかに潜んでいるんじゃないかと思う。だって共学だからさ、昔よりも簡単に男女の出会いがあるじゃないか」

空き家の本棚

私の実家の近くに、真澄君という高校一年生の男子が住んでいる。

真澄君は幼い頃から、私と会うたびに何か怖い話を聞かせてほしいと、自分からせがむほど将来が有望な怪談好きの少年だった。

「内藤さん、僕もとうとう心霊体験をしたんですよ。是非ネタとして使ってください」

ある日、実家の町内会の集まりで久しぶりに再会した真澄君は、私の顔を見るなり上機嫌でそう話しかけてきた。

いつも怪談ネタに飢えている私は、もちろん彼の体験談を聞かせてもらうことにした。


真澄君はここ数年間、オカルト系の動画、特に心霊スポットや廃墟探索系の動画にかなりハマっているという。

動画の影響で、彼もそういった場所の探索に行ってみたいとずっと思っていたらしい。

だが普通の男子高校生では、動画で紹介されているような、遠い地方や山奥などにある有名な「聖地」に行くことは、ほぼ不可能だった。

しかし、真澄君には以前から近場で目を付けていた空き家があった。

その空き家は、真澄君が通っている隣町の学習塾の近くにあり、彼はいつも自転車でその前を通るのだという。

空き家は廃屋とまではいかないが、建物も庭もほどよく荒れ果てており、木製の囲いは低いので、探索ビギナーが侵入するにはちょうど良い物件だと真澄君は思ったそうだ。

「ある日、立ち止まって汚い門の外から中を覗いたら、空き家の正面玄関の扉が少しだけ開いていたんです。その日以降もずっと扉は開いていいたので、これで鍵をこじ開けたり、窓を壊さずに中に入れる！　と」

真澄君はそう意気込んだが、さすがに一人で見ず知らずの空き家を探索するのは怖い。

そこで同級生で、同じオカルト好きの優斗君を仲間として誘った。

「とても興味はあるけど、空き家だと思っていたら実は人が住んでいました、なんてことはないかな？」

怖い物好きだが、やや気弱な優斗君は真澄君にそう質問した。

「俺の通う塾、帰りが結構遅くなるんだけど、夜にその空き家に明かりが点いていたことは一度もないぜ。絶対にあれは完全な空き家だ。それにそんな大きな家じゃないから探索なんてすぐに終わるよ。大丈夫、大丈夫」

真澄君は不安げな優斗君をそう説得し、一緒に空き家を探索することになった。

二人は日曜日に、自転車で目的の空き家に向かった。

真澄君は何だかんだ言っても夜の空き家探索は怖いし、あまり遅い時間の外出は両親に許してもらえないので探索は真昼間から行うことにした。

空き家は駅近くの商店街を抜けた、静かな住宅街の中に建っていた。

真澄君の話だと、どこにでもありそうな二階建ての家だったそうだ。

長いこと人が住んでいないのか、全体的に老朽化が進んでおり、このまま放置しておいたらあと数年で完全に廃屋と化すことは間違いなかった。

真澄君達は周りに人がいないことを確認すると、古い木製の囲いを乗り越えて家の敷地内に侵入し、鍵の掛かっていない正面玄関へと向かった。

恐る恐る玄関扉を開けて家の玄関に入り、持ってきた懐中電灯を点ける。

真澄君と優斗君は初めて空き家に侵入するという背徳感と、全く見ず知らずの無人の家で、何が起こるか分からないというスリルと期待感で心が躍った。

「懐中電灯、持ってくるまでもなかったな」

窓から差し込む陽の光で、空き家の中は思った以上に明るかった。

二人はやや緊張しながら、空き家の各部屋を探索した。

家具類や生活用品などは全くなく、家の中はスカスカだった。

恐らく前の持ち主が引っ越しの際、一切合切を持っていったか処分したのだろう。

もちろん、壁の血飛沫やたくさん貼られたお札もなく、いわくありげな人形や不気味な絵、床に散らばるたくさんの白黒写真や意味不明な怪文書のメモもない。

一階の探索を終えた二人は、二階に上がって各部屋を探ったが、これと言って面白いものは見つからない。

「まあ、動画や映画みたいにそう上手いこと、変な物や怖い物が見つかる訳ないか」

真澄君は落胆しながら、隣の優斗君に話しかける。

「後はあの廊下の突き当たりの部屋だけだね。あそこを見たらすぐに帰ろう」

まだ少しビクついている優斗君は、長い廊下の奥にあるドアを懐中電灯で照らす。

二人がそのドアを開けると、中は今までの部屋とは違って真っ暗だった。

真澄君が懐中電灯を向けて見回すと、何故かこの部屋だけは窓がない。

部屋の広さはあまり大きくなく、真澄君の話をよく聞いて面積を予想すると、いわゆる四畳半くらいのサイズのようだった。

そして部屋の奥には、狭い部屋とは不釣り合いな立派で大きな本棚が置いてあった。

真澄君達がこの空き家で見た、初めての家具らしい家具だった。

木製の古い本棚は、全ての段にぎっしりと本が並んでいる。

動画だけでなく、本も大好きな優斗君が本棚を調べると、並んでいるのは全て大学受験用の参考書や問題集、それに赤本だった。

赤本に書かれた大学名はいずれも、有名な難関校ばかり。

「ここは子供部屋だったのかな？　受験生の。それにしては、やたら狭くて殺風景だね。第一、窓もないなんて勉強していて息が詰まらないのかな」

優斗君の言うことに真澄君も頷いた。

「まるで監禁部屋みたいだな。志望校に受かるまで出られません、なんてな」

真澄君がそんな冗談を言ったとき、優斗君は本棚の真ん中の段、そこに並ぶ本のちょうど中央の位置にある一冊の参考書に注目した。

その参考書には、封筒が挟んであったのだ。

やや厚手の封筒は、参考書の上の部分から三分の一ほど、はみ出している。

「真澄君、この参考書に挟んである封筒、何が入っているんだろう？　普通に手紙か、もしかしたらヘソクリのお金かも。まあ、どっちにしろ勝手に見るのは良くないよね」

「金だって⁉」

お金と聞いて目を輝かせた真澄君は優斗君の忠告も聞かずに、封筒を挟んだ参考書に素早く手を伸ばした。

そして真澄君が力一杯、引っ張り出そうとしたが、他の本とともにキツキツに敷き詰められているためなのか、その参考書はビクともしない。

次に真澄君は、周りの本と一緒にその参考書を引っ張り出そうとするが、まるで全ての本が棚に接着剤で貼り付けられているかのように動かない。

「何だよ、この本棚は⁉」

イラついた真澄君はとうとう、挟まれた封筒の上部だけをつまんで、参考書から無理やり引っ張り出そうとした。

すると、ガクッ！　という音とともに本棚が真澄君に向かって倒れてきた。

突然の出来事に真澄君は声を上げる暇もなく、自分が大きな本棚の下敷きになる姿を想像しながら目をつぶった。

しかし、幸いなことにそうはならなかった。

しゃがみ込んで両手で頭を庇うポーズのまま、真澄君が目を開けると、自分の頭上で本棚が斜めに傾いたまま止まっていた。

「助かった、のか？」

真澄君は倒れた棚が何かに引っかかり、運よく完全に倒れる前に止まり、命拾いをしたのかと思った。

すると再び、ガクッ！　と音がして本棚は何かの力によって引っ張り上げられ、何事もなかったかのように元の位置に戻った。

「一体何が起こったんだ。優斗は大丈夫？」

先ほどまでの恐怖心の残った真澄君が膝を震わせながら、ゆっくりと立ち上がる。

真澄君が隣にいた優斗君を見ると、本棚の下敷きになりかけた訳でもない、彼のほうが何故か顔を真っ青にして全身を震わせていた。

そして突然、「アッー‼」と大声を上げると、優斗君は懐中電灯を放り投げて、一目散に本棚のある部屋から逃げていった。

それにつられて更に怖くなった真澄君も、優斗君を追いかけて逃げ出した。

しかし、真澄君は廊下に出た途端、何かを踏んづけて勢いよく尻もちをついた。

彼が踏みつけたのは、先ほどの参考書に挟んであった物とそっくりな封筒だった。

封筒は勢いよく踏んづけられたせいか破れ、中身が飛び出ていた。

「何だこれ？」

破れた封筒から飛び出していたのは、粘々《ねばねば》した透明な液体と、それに包まれた異様に大きい蚊のような生き物だった。

その大きさもさることながら、普通の蚊と違う所は左右非対称に、たくさんの羽や足が生えていたことだ。

しかもその大きな蚊のような生き物はまだ生きているのか、粘液に包まれた多すぎる足や羽をビチビチと激しく震わせている。

それを見てしまった真澄君はもう何が何だか分からなくなり、とにかくもうこの空き家には居てはいけないと、痛む尻のことを忘れて慌てて立ち上がった。

そして階段を駆け下り、玄関から外に出ると真澄君は再び木製の囲いを乗り越えて空き家の敷地から脱出し、自分達の自転車が置いてあるところまで走った。

優斗君は自転車の近くで、しゃがんだまま震えていた。

囲いを乗り越えるときにどこかで擦《こす》ったのか、優斗君の肘には擦過傷《さっかしょう》があった。

「……確かに本棚が倒れてきて、また元の位置に戻ったのにはビビったけど、置いてけぼりはないよなぁ。こっちはあの後、もっと気持ちが悪いモノを見たんだぜ」

真澄君は呼吸を整えると、一人で逃げた優斗君を軽く非難した。

すると優斗君はゆっくりと立ち上がって、真澄君の両肩を掴んで言った。

「真澄君は何を見たの？　僕もあの本棚が倒れかけたとき、その後ろの壁からおかしなモノが出てきていたのを見たんだよ……」

優斗君は全身を震わせながら、涙目で真澄君に訴えた。

優斗君の話によると本棚が倒れかけたとき、後ろの壁から奇妙な物体が二本突き出てきて本棚を押していたのだという。

奇妙な物体とは、二本の太くて長い腕だった。

しかし、その腕の表面は所々が赤い液体で濡れたソーセージのようで、肘や手首の関節はなく、先端にいきなりブヨブヨした手の甲や、爪のない指がくっついていたらしい。

その不気味な両腕は本棚を押し倒し、その後すぐに引き戻して壁の中に消えたという。

「本棚を倒したのは、そんな奴だったのかよ」

優斗君の話を聞いて真澄君の頭の中に、ガクッという本棚の倒れる音が再び響き渡り、彼の身体はそのときの恐怖を思い出したようにブルっと震えた。

そんな両腕など信じたくはなかったが、真澄君自体も踏んづけた封筒の中から現れた奇妙な生き物を確かにこの目で見たので、優斗君の話を否定することはできなかった。

「俺も、逃げるときに気味の悪い生き物を見たんだ」

真澄君も、粘液に包まれた大きな蚊のような異形のことを優斗君に話した。

「ただの空き家だと思っていたら、とんでもないお宝物件だったね」

優斗君は擦った肘をハンカチで拭きながら、半笑いで言った。

「そうだな、最初から大当たりだ。でも、もうこんなことはやめよう……」

真澄君はさっきまでいた空き家を見上げると、額の汗を拭きながら呟くように言った。

外から見える平凡な外見からは、先ほどまでの異常な出来事が起こるような家には全く見えず、二人とも全ては夢だったのではないかと錯覚するほどだったという。

「やっぱり、廃墟や心霊スポット探索は動画で見るのが一番ですね。最初に体験した怪奇現象のインパクトが強すぎて、もう二度と探索なんてする気が起こりません」

自らの体験談を終えた真澄君は無邪気に笑いながらそう言ったが、探索時の恐怖を思い出したのか、僅《わず》かに膝が震えているのを私は見逃さなかった。

「その通りだね、とにかく二人とも無事で良かった。それに君達のやったことは、不法侵入と言って立派な犯罪だから、その点でも二度とやってはいけないよ」

よい体験談を聞かせてはもらったが、年長者として一応、その辺についてはしっかり釘を刺しておいた。

「分かりました。それにしても、たくさんある一見何の変哲もなさそうな空き家にも、トンでもないモノが住んでいる可能性があるんですね」

あんな体験をしたというのに、真澄君は最後に目を輝かせながら言った。

そんな彼を見て私は「いつかまたやるな」と確信した。

それから数カ月後、真澄君から続報があった
例の空き家は買い手が見つかり、現在は人が住んでいるらしい。

真澄君が塾の行きと帰りに観察する限り、家の住人達は何の問題もなく普通に暮らしているようだという。

ただ一つだけ、真澄君がその家の庭を覗いたときに驚いたことがあった。

彼を押しつぶそうとしたあの立派な本棚が、大して広くもない庭の真ん中に倒れたまま放置されているというのだ。

棚には参考書や赤本が、ぎっしりと並んだままの状態だという。

「本棚が庭に放置されて数カ月経ちますが、雨ざらしになったままで、片付けようとか処分しようとする様子が全く見られないんです」

そして倒れた本棚の上を、たくさんの小さな羽虫が絶えず飛び回っているというのだ。

「ただ単に面倒臭くて、放置しているだけなのかもしれませんが……」

真澄君は引き続きこの家を観察し、何かあったらすぐに知らせてくれるという。

机の下

「従弟の宗太、存命……いや、今も存在していたなら、今年でちょうど三十歳になっていたでしょう」

現在、一児の母親で専業主婦のルミさんは静かに話を始めた。

ルミさんが中学一年生だったとき、彼女は死んだはずの祖父と再会したという。

そのとき、従弟の宗太という少年も一緒にいたが、祖父は彼をどこかに連れ去ってしまったらしい。

「正確に言うと、本当にあれが祖父だったのかは正直、今でも確信はありません。でもあれとの再会後、従弟の宗太がこの世から完全に消えてしまったことは事実です」

話は二十年前の元旦、ルミさんが住んでいた父方の実家で、親戚達が集まる新年会での出来事だった。

ルミさんの父親は、六人兄弟の長男だった。

当時、彼女は両親と祖母とで実家に住んでいたという。

ちなみに祖父はルミさんが、小学生に上がる直前に病死していた。

ルミさんの一族は昔から毎年、元日には父親の弟達やその家族、その他親族達が彼女の住む実家に集まって新年会をやるのが恒例行事だった。

それだけの親族が集まるから、当然、子供達もたくさんいた。

しかし、その年に限ってルミさんよりも少し年上の従姉二人が欠席していた。

後の従弟従妹達は全員、年下でみんな元気で腕白盛りだった。

必然的にルミさんがお姉さん役となって、従弟従妹達の面倒を見ることになるのだが、これが一筋縄ではいかなかった。

小さな子供達が危ないことをしないように見張っていると、小学四年生の従弟、宗太がルミさんにいろいろとちょっかいを出してくる。

宗太はルミさんの父親のすぐ下の弟、辰雄叔父さんの一人息子で、溺愛されて育ったせいか親戚の子供達の中でも、一番わがままで暴れん坊だった。

宗太はもっと幼い頃から何かと、悪戯を超えた悪さや暴力をルミさんに仕掛けてくる。

それは構ってほしいとか、未熟な愛情表現を超越した激しいものだったという。

しかも狡猾《こうかつ》なことに、他の大人が見ていないときを狙ってルミさんを攻撃してくるのだ。

また宗太の父親である辰雄叔父さんも理由は不明だが、昔からルミさんのことを見下し、よく彼女の容姿などを馬鹿にしてきた。

加えて宗太の母親である敦子叔母さんは、そんな夫と息子の態度を見て見ぬふり。

さらには夫と同じように、ルミさんの容姿について陰口を叩いていたという。

だからもちろん、ルミさんは宗太とその両親が大嫌いだった。

それでも最初は、お姉さんらしく宗太の暴虐を我慢していた。

しかし、宗太が小さな子を抱えているルミさんの背中に、思い切り蹴りを入れてきたときは彼女の堪忍袋の緒がブチ切れた。

「いい加減にしなさい！」

ルミさんが宗太の頬にビンタを喰らわすと彼は大声で泣き、従姉の非道を自分の両親を含む大人達に大げさに訴える。

「ルミはもうお姉さんなのだから、もっと優しくしなくては」

「お前も小さい頃はおてんばで、よく暴れたのだから我慢しなさい」

「そんなことじゃ、お年玉はあげられないぞ」

酒に酔って気分が高揚していた大人達が、口々にルミさんを責め立てる。

その中には、ルミさんの両親も含まれていた。

「ただでさえブスなのに、加えてこんな暴力女は男が近寄らないだろうなぁ～」

辰雄叔父さんは泣いた宗太を大事そうに抱きしめ、憎々しげにルミさんを睨みつけながらストレートに彼女の悪口をいう。

叔父の嫌らしい顔に、ルミさんはコップのジュースをぶっかけたい気分だった。

「悪いのは宗太なのに、何で私だけ皆からこんなに責められるの……」

口惜しさと悲しさで泣きそうになったルミさんは、トイレに行くと嘘をついて新年会の会場である二階の大広間から逃げ出した。

そして一階にある、亡き祖父の事務所のドアを開けた。

生前、司法書士だった祖父は実家の一階に小さな事務所を持っていた。

しかしルミさんが小学生になる前、祖父は病気で急逝した。

後を継ぐ者もいなかったので、それからその事務所は殆ど使われなくなった。

いつも薄暗くそれほど広くない元司法書士事務所の奥には、樫の木で作られた大きくて頑丈な祖父の机が静かに鎮座していた。

ルミさんは昔から辛いことがあると、いつもこの机の下に隠れ、これまた祖父の座っていた大きめの可動式事務椅子を自分のほうへ引いて蓋をし、一人で泣いていた。

暗くてインクやその他文房具の匂いが微かに漂うその狭い空間は、ルミさんが心を許せる、謂わば秘密の隠れ家だった。

不思議なことだが、昔からこの机の下に隠れると両親や祖母、そしてかくれんぼで鬼になった友達は彼女を見つけることができない。

机の下を覗き込まれることはあっても、何故かルミさんの姿が見えていないようで誰も彼女を発見することができないのだ。

そして祖父だけが机の下にいるルミさんを見つけ、微笑みながら手を差し伸べ、彼女を優しく抱きかかえてくれたのだという。

「きっとおじいちゃんが守ってくれているのだろう」

ルミさんは机に隠れるたびに、彼女にはとても優しかった祖父のことを思い出す。

「おじいちゃんが生きていたら、今回も私の味方になってくれたかしら」

ルミさんは薄暗い空間で体育座りになって、自分の両膝に顔を埋める。

そして先ほどの大人達の仕打ちを思い出し、また涙が溢れてきた。

「ここにずっと隠れていれば、私を見つけられない大人達は焦《あせ》るだろうか?」

ルミさんは反抗心を燃やし、大人達が謝るまで机の下から出ないことにした。

親族達が帰る、夜の遅い時間になってもルミさんが見つからなかったら、さすがに両親を含む大人達は心配し、彼女を必死になって探すだろう。

それは理不尽な仕打ちをした大人達に対するせめてもの復讐だった。

ルミさんがそう決めてから、しばらく蹲《うずくま》って沈黙していると突然、ギギッという音とともに事務椅子が動き、机の下に何かが投げ込まれた。

それはピンク色の可愛らしいキッズ用ワンピースと、やはりピンクのリボンが巻かれた小ぶりな麦わら帽子だった。

驚いたルミさんが座ったまま机の下から、事務所のほうを見る。

すると見覚えのあるズボンとロングコートを着た人物が、机の前に立っていた。

「おじいちゃん!?」

ルミさんのいる位置からでは、その人物の上半身を見ることはできないが、そこに立っていたのは間違いなく彼女の祖父だった。

上質な灰色のスラックスに薄茶色のロングコート。

それは生前の祖父のお気に入りだった服装で、ルミさんもよく覚えていた。

「ぎゃあああっ！　宗太が、宗太が」

祖父に会えると喜んだルミさんが机の下から飛び出そうとすると、二階から宗太の母親の大きな叫び声が、一階の事務所まで聞こえてきた。

その叫び声を聞いて何事かと動揺して動きを止めたルミさんは、今度はいきなり背後から右腕を引っ張られた。

引っ張られた勢いでルミさんは、再び机の下で座る形になった。

ルミさんの右隣には、いつの間にか知らない少女が座っていた。

少女は先ほど投げ込まれたピンク色のワンピースを着ており、ピンクのリボンが巻かれた小ぶりな麦わら帽子を目深に被っていた。

少女の見た目の年齢は七、八歳で背中まで伸びた長い髪が特徴的だったが、麦わら帽子と机の下の薄暗さのせいで、顔はよく見えなかった。

「宗太なんて放っておきなよ、あんなクソガキ」

ワンピースの少女は座ったまま微動だにせず、小さく冷たい声で言った。

「あなた、誰？」

ルミさんは突然、自分だけの聖域に見知らぬ少女が現れたにも拘らず、やたらと冷静な自分に対して驚いていた。

「ナツって呼んで」と少女は言った。

確かに身に着けている物は夏物らしい。

「親とか親戚とかに虐められたんだって？　ムカつくよね、大人は」

ナツと名乗る少女は、歳の割には大人びた話し方をする。

何故、ナツは私の境遇を知っているのだろう。一体彼女は何者なのか？

ルミさんはいろいろと疑問に思ったが、同時にナツとは初対面にも拘らず、彼女のことが全くの他人ではないような気がした。

ナツは事務椅子を押しのけると、ルミさんの手を引いて二人で机の下から飛び出した。

「遊びにいこう、時間がないから」

ルミさんはナツに手を引かれて、いつの間にか実家の外を走っていた。

外は夜だったが、元日とは思えないほど周りの空気が暖かい。

いや、走っているとむしろ暑いくらいだった。

「夢じゃない。私、外を走っている……」

ついさっきまで机の下にいたはずのルミさんは、ナツと名乗る少女を追いかけて実家の近所を走っていた。

当たり前だが走っている所は、見慣れた建物や場所ばかり。

しかしナツと外に出てから、ルミさんは誰一人として人間を見ていない。

元旦の夜とはいえ、東京の都会ならば夜でも誰かとすれ違うだろうに。

ルミさんは、更におかしいことに気が付いた。

町の中に建つ店の看板や家の表札、自販機、壁や掲示板に貼られたポスターや標識などに書かれている文字一つ一つ全てに、黒いバッテン印が付けられていた。

ルミさんは立ち止まって辺りを見回すが、町中のどんな小さな文字にもバッテン印が付けられており、例外はなかった。

「変なの、文字が全てバッテンされている」

文字が全てバッテンされたケーキ屋の看板を指さして、ルミさんはナツに話しかけた。

不思議なことに、さっきからずっと走っているのに息が切れていない。

「私にはまだ、文字は必要ないから……」

ナツは一瞬立ち止まって小さな声で答えると、再び走り始めた。

ルミさんはナツに追いついて、何とか彼女の顔をはっきり見ようとしたが無理だった。

「誘っておいてなんだけど、私の顔はまだあまり見ないで」

ルミさんの思惑を読んだのか、ナツは後ろを走る彼女にそんなことを言った。
ナツのその口調は、お願いするようにも脅すようにも聞こえた。
だから、ルミさんはナツの顔をはっきりと見るのを諦めた。
二人はルミさんが昔よく遊んだ公園に着くと、手持ち花火をすることにした。
花火のパッケージや細かい注意書きにもバッテン印が付いている。
「花火なんて何年ぶりだろう」
ルミさんとナツはお互い、手に花火を持ちながらいろいろとおしゃべりをした。
まるで昔からの親しい友達か知り合いのように。
しかし、楽しかったその会話内容は全く覚えていない。
その部分だけは、夢の内容が思い出せないようにすっぽり抜け落ちているらしい。
気が付くとルミさんの後ろに、完全に頭髪を剃ってスキンヘッドになった少年が無言で
二人と同じように手持ち花火で遊んでいた。
花火の放つ火花の明かりで少年の顔がはっきり見え、それが宗太だと分かった。
宗太は無言で泣きそうな顔をしながら、火花を見つめている。
「宗太、あなたその頭はどうしたの？」
驚いたルミさんが、消えた自分の花火をバケツに捨てながら聞いた。
「あっちに行くのに邪魔なんだって」

宗太は顔を上げずに、小さな声で悲しそうに答えた。

「何を言っているの。それよりもアンタのせいで今夜は大変だったのだから」

宗太の持っている花火が消えたので、ルミさんは怒りながらも新しい花火を渡そうとしたが、彼はそれを受け取ろうとしなかった。

「ルミ姉、ごめんな。もう謝っても遅いけど本当にごめんな。俺は悪い子だった。これから罰を受けるんだ。お父さんもお母さんも一緒に」

ルミさんは、こんなしおらしい宗太を見たのは初めてだった。

それに罰だの、彼の両親がどうだの、言っていることも訳が分からない。

「……もう謝らなくていいから、早く帰るよ」

ルミさんが宗太を起こそうとして、彼の腕を掴んだときのことだった。

突然、鼻の奥で鉄臭い匂いが広がり、その不快感で宗太の腕を放した。

鼻の中で血が溢れ、喉に逆流してきたのだ。

「ソイツに触れちゃダメだよ。もうすぐあっちに行くんだから。私の代わりに」

鼻を押さえて蹲るルミさんを見下ろしながら、ナツは冷笑するような口調で言った。

「私も、もう少し遊びたかったけどお終い……また会えるから」

何か言おうとして立ち上がったルミさんを、ナツは両手で強く押した。

押されて転倒するとき、周りの風景や時の流れがスローモーションのように流れた。

そのとき、ナツの口元は歪んだ笑みを浮かべていた。

次にルミさんの視界にロングコートを羽織った祖父の後ろ姿が映った。

身に着けている衣服、禿げ上がった後頭部の形、ゴツいいかり肩、足幅の開き方など確かにそれはルミさんの知っている、生前の祖父の後ろ姿に間違いなかった。

唯一の違いは、生前の祖父と比べて身長が異様に大きいことだった。

恐らく身長は二メートル近くあるだろう。

大男と化した祖父は宗太の坊主頭を片手で鷲掴みにしたまま、彼を引きずって闇の中へとゆっくりと消えていった。

宗太は何故か全裸で、全てを諦めたようにぐったりとしたまま祖父に連れていかれた。


気が付くとルミさんは、元のように祖父の机の下で座っていた。

「私、寝ちゃった？　夢を見ていたのかな」

右隣を確認したが、もちろんそこには誰も座っていない。

だが、机の下には微かに花火の火薬臭さが漂っていた。

少しの間、ぼうっとしていると二階から男女の騒ぐ大声が聞こえてきた。

気になったルミさんは机の下から出ると、ゆっくりと二階の大広間に向かう。

その際、時計を見ると時刻は最初に机の下に隠れたときから十分も経っていなかった。

ルミさんが宴会場に戻ってくると、辰雄叔父さんとその妻が言い争いをしている。

祖母に何事かと訊ねると、「辰雄が悪酔いしたのか、突然、子供ができないのは敦子さんのせいだと責め始めたんだよ」と教えてくれた。

その場にいる女性達は、興奮した辰雄叔父さんと敦子叔母さんをなだめようとしているが、酔った男達は面白がって更に騒ぎ立てていた。

そして、子供達はその様子をポカンと口を開けて眺めていた。

「辰雄叔父さん達に子供ができないって、宗太の弟か妹のこと？」

ルミさんがそう訊ねると、祖母は不思議そうな顔をして聞き返してきた。

「ソウタ……ソウタって誰だい？」

それを聞いて、ルミさんの頭の中には先ほど、ナツといた公園で祖父に連れていかれた宗太の姿が思い浮かび、真っ青になった。

ルミさんは慌てて自分の両親や親族、子供達に宗太のことを聞いて回った。

しかし、その場にいる者は誰一人として、宗太のことを知っている者はいなかった。

次にルミさんは慌てて自分の部屋に戻り、アルバムと自分の携帯電話内の写真に写っているはずの幼い宗太の姿を探したが、彼の姿は一つも発見できなかった。

親族達がルミさんをからかっているのではなく、本当に宗太の存在そのものが綺麗さっぱり消え去っていたのだ。

「あの日から、宗太の存在を覚えているのは私だけになりました」

落ち着いた口調のまま、ルミさんは話を一旦区切った。

あの二十年前の宴会の後、辰雄叔父さんと敦子叔母さんはすぐに離婚をしたそうだ。

離婚をした後、辰雄叔父さんは繁華街で酔ったまま大きな老人と喧嘩になり、強い力で殴り倒されて地面に頭を打ち、現在は車椅子生活を送っているらしい。

喧嘩相手の大きな老人は、今でも捕まっていない。

叔父さんの元妻である敦子さんは自分の実家に戻った後、車で地元の商業施設へ行ったときに大きな自損事故を起こしたにも拘らず、その場から逃走してしまった。

その事故内容が悪質とみなされ、前科者となってしまったそうだ。

敦子さんは車を運転していたら、いきなり大きな老人が飛び出してきたのが事故の原因だと最後まで主張していたが、施設内の防犯カメラにはそんな老人は映っていなかった。

執行猶予は付いたものの、田舎での事故の噂はすぐに近所に広まり、敦子さんはそれからずっと働きもせず、今も実家に引きこもっているという。

「正直、叔父や元叔母の今の境遇、ざまあみろと思っています。あの二人には小さな頃から嫌な思いをさせられてきましたから」

ルミさんは心の底から嬉しそうな顔で笑った。

「でも、宗太だけはちょっと可哀想かな。三歳くらいまでは素直でいい子だったのに。幼稚園に上がった頃からあの両親の異常な溺愛のせいで、わがままで乱暴な子に育ってしまった。小学校でもイジメをしていたらしいですけど、あの元夫婦が凄まじいモンスターペアレントと化して、被害者生徒やその家族、そして学校まで黙らせていたみたいです」

ルミさんは少し俯《うつむ》いたまま、軽く溜め息をつく。

「その結果、自分達は不幸になり、子供の宗太は存在すら消えてしまいました」

「つまり……中学生の頃のルミさんを苦しめていた三人を、懲らしめるというか罰を与えたのが、おじいさんだったとおっしゃるのですか？」

私は少しためらいながらルミさんに訊ねる。

「最初に言ったように確信はできません。服装や後ろ姿がとても似ていたというだけで、宗太を連れていった大男の顔をはっきりと見ていませんから。祖母の話だと自分の夫の身長は百七十センチもなかったと言っていましたから、あれが祖父だったとしても何であんな大男になって現れたのか……。叔父や元叔母が遭遇した大男も確かに祖父に似ていたらしいですが、あくまでも二人がそう言っているだけみたいですし」

でも、とルミさんは微笑みながら続ける。

「私はおじいちゃんが助けてくれたと信じています」

最後にルミさんは、スマホの待ち受け画面に映る五歳の一人娘の写真を見せてくれた。

ピンク色のワンピースを着て、ピンクのリボンが巻かれた麦わら帽子を被った可愛らしい長髪の女の子だった。

「もしかして、お子さんのお名前は……」

「夏子っていいます」

ルミさんは、私が質問するのを遮るように、自分の娘の名前を教えてくれた。

「夏子、最近私に言うんですよ。だんだん思い出してきたって」

ルミさんは、スマホ画面を愛おしそうに撫でながら言った。

今度、ルミさんは娘と二人だけで宗太のお墓を作ってあげるそうだ。

数年前、小林さんの双子の兄達が二人とも同時に亡くなった。

それぞれの職場で、ほぼ同時刻に倒れてそのまま原因不明の突然死をしたのだ。

まだ二人とも、四十代前半で未婚、心身ともに元気だったという。

二人の妹である小林さんは、認知症の母親に代わって二人の葬儀や、その他手続きなどの後処理をほぼ一人で行ったそうだ。

ちなみに小林さん自身も未婚だ。

そして彼女らの父親も十年以上前に、健康体にも拘らず、仕事中にやはり原因不明の突然死をしていたという。

「詳しくは分からないけど、遺伝的なものかしら？　私も気になります」

小林さんは不安げにそう言った。

ほぼ身内だけの四十九日法要が終わり、兄達の納骨式も無事に済んだ。

小林さんがホッとしていたのも束の間、すぐに菩提寺《ぼだいじ》の住職から電話があった。

「お前達の兄二人は一体、生前に何をしでかしたのか？　自分達の墓の前で二人とも真っ黒な餓鬼となって、お互い喰らおうと大乱闘を繰り返しているぞ。敏感な他の檀家さん達からも、それを見たという苦情が何件も来ている。生前、よほど業の深いことをしない限りあんな姿で現世に現れたりはしない。あいつら二人はきっと誰かに強く恨まれ、呪われておる」

受話器の向こうで高齢な住職は、物凄い剣幕で一気に捲《まく》し立ててきた。

住職の話が余りにも唐突かつ荒唐無稽な内容だったので、小林さんはすぐには返す言葉が見つからなかった。

住職の言う黒い餓鬼とは、古い日本の絵巻物である〈餓鬼草子〉に出てくるような、痩せ細っているが腹だけは膨らんだ異形の亡者達のことらしい。

小林さんは子供の頃からこの住職のことをよく知っているが、昔から博識でとても温厚、誰にでも優しく親しみ易い人だった。

その住職がこんなに激怒しているということは、話の真偽はともかく寺で何かとんでもないことが起きたのは確かなのだろう。

「とにかく、こんな二人の遺骨は寺の墓地には置いてはおけない。すぐに送り返すから後はそちらで何とかしなさい」

そう冷たく言い放って、住職は一方的に電話を切ってしまった。

「兄さん達が黒い餓鬼になって、墓地で喧嘩している？　何よ、それ」

その後、小林さんが詳細な話を聞くために何度か寺に電話をしたが、住職はよほどこの件に関わりたくないのか、それ以降は絶対に電話に出ようとはしなかった。

後日、本当に双子の兄達の骨壺が実家に送られてきた。

しっかりと着払いで。

「骨壺って郵送できたんだ……」

小林さんは段ボールに入った二人分の骨壺を見て途方に暮れた。

「お母さんが認知症なのはある意味、幸運だったかも。信心深いお母さんが、寺から息子達のお骨を送り返されたなんて知ったら卒倒ものだったわ」

小林さんは、とりあえず母親に気付かれないように二人の骨壺をそれぞれ布で覆い、仏壇の前に置いて線香を上げた。

「あの優しかった住職さんがあんなに怒るなんて。生きているときに、兄さん達は一体何をしたというの？」

小林さんは困惑しながら骨壺に向かって聞くが、もちろん返事はない。

「強く恨まれる、呪われる、か」

それについて実は、小林さんには二つ思い当たることがあった。

一つは兄達の葬儀が終わった後、二人と親しかった友人から聞いた話だ。

「二人が亡くなったばかりで、こんな話をするのもなんですが……」

友人はためらいながらも小林さんに生前、双子の兄達がしていたことを話した。

その内容はというと、兄達は生前ネット上でねずみ講のような投資詐欺を行って、出資者から金を騙し取っていたということだった。

友人も仲間にならないかと誘われたが、もちろん断ったという。

しかし、幸か不幸か兄達の投資詐欺はそれほど上手く儲からなかったようで、短期間で止めてしまったらしい。

それでも出資者である一人の外国人だけはその偽の投資話に心酔してしまい、兄達は「コイツからはもっと引っ張れる！」と結構な金額を騙し取っていたらしい。

しかも兄達は自分達が身バレしないよう巧妙な手口や仕掛けを施しておいたせいか、詐欺を止めた後も出資者から訴えられたり、警察の御用になることもなかった。

「お兄さん達を恨んでいる人達は、今でもいると思います。今のところ警察の目からは逃れているかもしれませんが、恨んでいる出資者達が非合法な手でお兄さんやその家族であるあなた達を特定し、復讐をしてくるかもしれない。それを伝えたかったのです。にわかには信じられないでしょうがこれは事実です。十分に御注意を」

友人は小林さんにそう警告すると去っていった。

小林さんにはこの友人のことも以前から知っているが、悪戯や面白半分で嘘をつくような人ではないことは確かだった。

「まさか兄さん達が犯罪行為をしていたなんて……。これまたお母さんが認知症で幸いだったわ」

ショックを受けた小林さんは、母親の代わりに卒倒しそうになったという。

思い当たることはそれだけではなかった。

生前、彼らが一緒に住んでいたマンションで遺品を整理しているとき、小林さんは謎の物体を見つけた。

兄達の、それぞれの机の引き出しから見つかったというそれは、半透明な琥珀《こはく》色の石のような物だった。

生前、兄達はその石をとても大切にしていたようで、二人とも綺麗な箱に厚手の布を敷き詰め、その中にまるで高価な宝石や宝飾品のように丁寧に保管していた。

ニワトリの卵よりも少し大きいくらいのその石は、二つとも微妙に形は違うが同じ種類の物のようだった。

石の中央には小さな人間みたいな形をした何かが座っており、見る角度によって、そいつは羽の生えた昆虫のようにも見えたらしい。

石の中にいる人間だか昆虫のようなモノの顔は、鼻と口がないものの、斜めに吊り上がった細い両目を持ち、見る者達を睨みつけているみたいだったという。

こんな薄気味悪い石を、何故兄達が大切そうに持っていたのかは分からない。

しかし根拠はないものの、小林さんにはその石がとても禍々《まがまが》しく、強い怨念の籠もった呪物のようにすら感じられた。

それゆえ、安易に捨てたり壊すことにも抵抗があった。

だから二つの琥珀色の石は、実家の物置部屋の奥深くに置いたままだった。

「もし兄さん達が餓鬼になったことと、この石が関係しているとしたら？」

小林さんはネットで、この琥珀色の石のことをいろいろと検索したが無駄だった。

アンバーという天然樹脂の宝石が似てはいるものの、兄達の石みたいに内部に人間のようなモノが内蔵されている（？）ような物体は存在しなかった。

小林さんは住んでいる実家にそんな石が二つもあるのが耐えられなかったが、やはり無下に捨てたり破壊したりするのも怖かった。


二人の骨壺が帰ってきてから、一週間が過ぎた。

その日は仕事が休みだったので、小林さんは焚き火をするために実家の庭に溜まった大量の落ち葉を箒《ほうき》と熊手でかき集めていた。

もちろん、アルミホイルを巻いたサツマイモの準備も怠らない。

「最近は面倒臭くなったものね。焚き火をすることを事前に近所に知らせておかないと、火事と間違われてすぐ消防を呼ばれてしまうそうよ」

小林さんは縁側で小さくなって座る母親に話しかけた。

しかし、認知症の母親はうつろな瞳で空を見上げているだけで何も答えない。

そんな母親を見て軽く溜め息をつくと、小林さんは集めた落ち葉や小枝に火を点けた。

小林さんは、チリチリと頼りなげに燃える落ち葉を見ながらこれからのことを考えた。

いつまでも兄達の骨壺を、仏壇に置いておく訳にはいかない。

更に先祖の墓や、これからもある法事のことも考えると住職との関係も修復しなければならないだろう。

「何とか住職ともう一度、話し合いをさせてもらわないと。ねえ、お母さん？」

無反応な母親は手で口を隠して、小さくあくびをしていた。

認知症の進んだ母親は暴れたり徘徊をするなどの問題行動はしないが、全くと言っていいほどしゃべらなくなってしまった。

ブブブブブブブッ！

小林さんは突然、自分の近くに聞きなれない音が近づいてくるのに気が付いた。

自分の目の前に、今まで見たことのない変なモノがホバリングをしていた。

変なモノの色は灰色で形は全体的に丸っこい。

小林さんが警戒しながらよく観察すると、それはスズメバチとカナブンを混ぜ合わせたような見たこともない虫だった。

そいつが小林さんの目の前で、ブブブブブブブッと不愉快な羽音をさせ、複数ある足で何かを掴んだままホバリングしているのだ。

「これ、今いろいろなところで活躍しているドローンとかいう奴？」

小林さんは、突如現れたこの変な虫の正体をドローンだと思った。

しかし、変な虫が足で掴んでいたのは見覚えのある、あの琥珀色の石だった。

だがそれは、兄達が所有していた石に比べると随分と小さい。

ブブブブブブブッ！

羽音が響く中、小林さんは変な虫の持つ小さな琥珀色の石を眺めるうちに、なぜだかどうしてもそれが欲しくて堪らなくなってきた。

「貰っていいの？」

小林さんが虫に話しかけると、そいつは嬉しそうに空中で上下に動く。

誘惑に負けた小林さんが、小さな琥珀色の石に手を伸ばそうとしたときだった。

「この娘は関係ない!!」

さっきまで縁側で座ったまま動かなかった母親が、急に立ち上がって小林さんの前に立ちふさがり、勢いよく箒を振ってホバリングする虫を叩き落とした。

母親の一撃で焚き火の中に墜落した虫は、火に焼かれて激しく羽音を響かせながら身悶えしていたが、やがて動かなくなった。

小さな琥珀の石も、やはり火に焼かれてブジュブジュと不快な音を出し、肉を焦がしたような匂いと鼻や目を突く刺激臭を同時に放ちながら溶けていった。

「私、何をやっていたのかしら」

認知症になってから、母親がこんな素早い動きをしたのは初めてで、それに驚いて我に返った小林さんは視線を焚き火から母親に移した。

母親は箒を離すともう一度、「この娘は関係ない」と小さな声で言った。

その瞳には認知症になる前の光が宿っていたが、それもすぐに消えてしまった。

そして母親はゆっくりと縁側に戻って座ると、また先ほどと同じように生気のない瞳で空を見上げた。

「この娘は関係ない」という台詞は、どういう意味なのかと小林さんは母親に聞いてみたが、いつもの認知症の母親に戻ってしまい、全くの無駄だった。

「あの変な虫が持ってきた琥珀色の石、大きさは小さかったけど兄さん達が持っていた物と同じだ。もし琥珀色の石が兄さん達の突然死や、餓鬼となって現世に現れたことの原因だったとしたら……」

小林さんはそう推測し、同時に自分もあの変な虫から石を受け取ってしまっていたら、と考えるとゾッとした。

その後、小林さんは生前、兄達が行っていた投資詐欺や所有していた琥珀色の石のこと、先ほど焚き火の周りで起こった不思議な出来事などをまとめて住職に手紙を書いた。

そして、二つの琥珀色の石の写真も同封した。

数日後、今度は住職から長くて丁寧な手紙が小林さんの元に届いた。

手紙の内容の最初は、住職の謝罪から始まった。

手紙の要約をするとこういう内容だ。

「電話でいきなり怒鳴りつけた上、一方的に兄達の骨壷を送り返してしまったことは大変申し訳ない。どうかこれまでと同じように、先祖の供養と法事関係はこちらで執り行わせていただきたい。しかし、お兄さん達の遺骨と魂は余りにも穢《けが》れてしまっているため、それだけはこちらで引き取ることはできない。勝手な願いだが、せめて思い出の場所か見晴らしの良い場所に散骨してやってほしい。さて兄さん達が持っていた琥珀色の石について、小林さんがおかしな虫から受け取らなかったことは幸いだった。受け取っていたら、小林さん自身も突然死をした上に、餓鬼道に落ちて兄さん達とお互いを喰らい合うところだった。この琥珀色の石を使った呪法はアジア諸国に伝わるとても古いもので、現在は名前すら忘れられてしまっている。だが、この呪法の真に恐ろしい所はターゲットになって石を受け取った者はそれに魅了され、絶対に自ら手放すことがない。そして所有しているうちに穢れた呪いが育ち、確実に死ぬだけでなく、その後も強制的に餓鬼道に落とされ、永遠に飢えに苦しみながら救済もなく現世を彷徨い続けるのだ。認知症のお母様が呪いの育つ前の石を運び手の虫ごと叩き落とせたのは、常日頃からの信仰心と娘を思う強い愛ゆえの行動であろう。介護は大変であろうが、これからもお母様を大切にし、仏を敬う心を忘れないでほしい。この呪法は失敗すると呪い手に大きな報いが返るため、これ以後の心配はないだろうが、万が一のことがあったら遠慮なく相談してほしい。最後に、兄達の持っていた二つの琥珀色の石は、もう目的を果たした抜け殻なので捨てるなり燃やすなりしても大丈夫だ」

手紙を読んだ後、小林さんはその内容に驚嘆してしばらく動けなかったという。

「まさかとは思っていたけど、現代でも呪いなんて物が存在したのね」

その後、小林さんは二つの琥珀色の石は燃えるゴミに混ぜて捨てた。

双子の兄達の遺骨は昔、兄弟で遊んだ思い出の場所、実家の庭に散骨した。

それ以降、庭の縁側で日向ぼっこをする母親がよくしゃべるようになった。

「礼一と真一、真っ黒になるまで喧嘩して。男の子は元気がいいわねぇ」

礼一と真一は、小林さんの双子の兄のそれぞれの名前だ。

「お母さんには見えるんだ……」

さらには最近、母親の話によると兄達に交じって、真っ黒な父親も一緒になって喧嘩に参戦しているらしい。

小林さんにはそれを確認する術はないが、最後にこう愚痴った。

「お父さんが餓鬼になって加わったってことは……うちの男達は親子揃って、生きていたときに何をやっていたのよ！」

また父親の遺骨はしっかりと先祖の墓に埋葬されていることから、小林さんは、

「お父さんの遺骨や魂も穢れているなら、埋葬する場所なんて関係ないじゃない」

と、住職に対しても憤りを隠さなかった。

女は、魔性

「女は、魔性。最近はこんなことを言ったら、すぐに炎上するのかな？」

母の古い知り合いで、私も昔からいろいろとお世話になっている巻田先生は、開口一番いきなりそんなことを言った。

先生は私が怪談を集めていると聞いて、わざわざ私の実家まで来てくれたのだという。剣道居合いの有段者で自分の剣道場も持っており、印刷会社の会長でもある巻田先生は、八十歳近くになっても若々しく強壮な雰囲気を醸し出していた。

私も母に勧められて子供の頃に少しだけ先生の元で剣道を教わったが、情けないことにその厳しい稽古ですぐに挫折した劣等生だった。

巻田先生はとてもストイックで武道でも仕事でも私生活でも、自他ともに厳しい、正に現代の侍と言ってもよいほどの人物だった。

「駆君は怪談を集めて本にしているんだって？　私は正直、昔は幽霊も妖怪も怖いと思うどころか、一切信じていなかった。全て夢か幻、あるいは世迷い事だと。だが四十年近く前、皮肉にも自宅で全ての話がそうでもないということを嫌というほど思い知らされた。本当は今でも夢だったと思いたい……」

巻田先生は、長年の修練で鍛えられた右手を左手で摩りながら言う。

先生の右手は、小指から手首の外側にかけて火傷のような爛《ただ》れた痕が広がっていた。

「この右手を見るたびに、そのことを思い出し、悲しい気分になる。信じるかどうかは君の判断に委ねるが聞いてほしい、決して嘘偽りのない私の体験談だ」

先生は、約四十年前に自身が体験した恐ろしくも悲しい出来事を私に語り始めた。


先生の家は東京都内S区にある豪邸だった。

それはまるで、時代劇に出てくるような大きなお屋敷で、敷地内の広い庭には道場やたくさんの鯉が泳ぐ大きな池もあった。

ある夏の休日、当時四十歳になったばかりの巻田先生が、朝から庭で池の鯉に餌を上げていると、庭の奥に広がる茂みの中から、何やら見慣れない物体がごろりと現れた。

それは大人の拳を、軽く超えるほどの大きなヒキガエルだった。

だがヒキガエルの下半身は、これまた全長二メートルを軽く超えるであろう、大きな青大将に飲み込まれている途中だった。

数十年前には都内でも、こういった生物達が普通に生息していたらしい。

「これは凄い。庭の主と主の対決といったところか」

先生は鯉に餌をやる手を止め、カエルとヘビの動向を窺った。

巻田先生は主同士の対決と言っているが、実際は青大将の勝ちがほぼ確定していた。

ヒキガエルは喰われまいと前足を動かして必死の抵抗を試みるが、このままでは青大将の腹の中に飲み込まれるのは必然だった。

「あなた、朝刊ですよ」

先生が絶体絶命のヒキガエルを傍観していると、奥さんが新聞を持ってやってきた。

先生の奥さんの名前は香苗さんといい、和服のとても似合う大和なでしこを絵に描いたような女性だったという。

「いやっ、カエルがヘビに食べられている。あなた、助けないの？」

奥さんはカエルを飲み込もうとしている青大将を見て怯え、先生の後ろに隠れた。

「残念だがそれはできない。香苗の優しい気持ちは分かるがこれは自然の掟だ。ヘビとて生きるためには食わねばならん。酷なことだが、放っておくしかない」

先生は香苗さんの肩を撫でながら優しく言った。

「とても見ていられません」

香苗さんは震えた声でそう言って、逃げるようにその場を去っていった。

その後、ヒキガエルは時間を掛けて青大将の腹の中に完全に飲み込まれていった。

飲み込まれる間、カエルの大きな目は先生を恨めしそうにジッと見つめていたという。

大物を飲み込んで満足した青大将は、ポッコリと膨らんだ腹を気怠そうに引きずって、茂みの中に静かに消えていった。

「弱肉強食の世界とはいえ、何とも貪欲な姿だな」

先生が母屋に戻ろうと振り返ると、後ろに正座をしている者がいた。

先ほど去っていった香苗さんが正座をし、先生のことを上目使いで見つめていた。

「あのカエルと同じように、私のことも見捨てたのですね」

憎悪の籠もった低い声で、香苗さんは先生に向かってそう言った。

「香苗、お前⁉」

驚いた先生が声を上げると、香苗さんは一瞬にしてその場から消えた。

先生は池の前で動揺したまま、しばらく動けなかった。

妻の香苗さんは去年、闘病の末、若くして亡くなっていたのだ。

「俺は誰と話していたんだ……これが白昼夢という奴か？」

しかし、先生の手には香苗さんが持ってきた新聞があった。

先生は急な眩暈に襲われ、その場で膝をつきそうになった。

また軽い頭痛や僅かな手足の痺れも伴い、ふらつきながら何とか自室に戻る。

四十年生きてきた先生が、初めて経験する症状だった。

「普段、積み重なった疲れが急に出たか」

先生は寝室に行って微かに震える手で寝間着に着替え、布団を敷いて横になった。

「二度寝など何年ぶりか。まあ、父親から会社を任されてから、殆ど無休でずっと仕事に武道に走り続けていたからなぁ」

先生は布団の中でそう苦笑したが、内心は先ほど庭に現れた香苗さんのことが気になって頭から離れなかった。

「幻覚だ、幻覚に決まっている。香苗は去年死んだ。きっと疲労が積もりに積もって、あんな幻覚を見てしまったんだ」

和室の真ん中に敷かれた布団の中で、先生は生前の奥さんのこと思い返した。

「何で、あんなことになってしまったのだろうな。全ては病気のせいか……」

先生の奥さん、香苗さんは亡くなる数年前からある難病に罹り、それからずっと入退院を繰り返しながら闘病生活を送っていたという。

そして多量の薬の副作用のせいで、抱けば折れてしまいそうなほどスレンダーだった香苗さんは、体重が急激に増加し、別人のように太ってしまったという。

「あなた、こんな姿になっても私を捨てないでね」

「他の綺麗な女のことなんて見ないでよ。病気が治れば私の姿も元に戻るから」

「まさか浮気なんてしてないでしょうね。私がこんなに醜くなったからって」

亡くなる前の香苗さんは自分の変わり果てた姿を嘆くとともに、夫である巻田先生に捨てられないか、離婚されないかと絶えず怯えていた。

同時に先生が醜い自分を差し置いて、浮気をしていないか、他に女ができたのではないかとずっと疑い続けていた。

早苗さんの難病は身体だけでなく、彼女の精神も蝕《むしば》み始めていたのだ。

「もちろん、当時も今も浮気どころか、早苗以外の女には目もくれていない。再婚もしなかったし、これは誓って言える。だが、晩年の早苗は顔を合わせれば私のことを疑ってばかりいた。それが何とも苦しく、悲しかった……」

話の途中で先生は初めて私に涙を見せた。

いつもは雄々しい巻田先生がそのときだけは、気弱になった一人の老人に思えた。

それでも先生は持っていた手拭いで素早く涙を拭くと、気丈に話を続ける。


いつの間にか眠っていた先生が目を覚ます。

壁に掛かった古い木製の時計を見ると、まだ午前十一時を少し過ぎたところ。

頭痛や痺《しび》れは消えていたが、気分は晴れていない。

そして寝室だけでなく、家の敷地内全てがやたらと静かなことに気が付いた。

この時間帯はお手伝いさん達が台所で昼食の準備をしているはずだったが、その音が全く聞こえてこない。

また、それ以外のいつも屋敷内に響いている生活音も、先生の耳には届いてこない。

更に部屋の中がジトっと湿っぽく、やたらと肌寒い。

先生は布団の上で上半身だけを起こし、いつもの家とは様子が違うことを察して、警戒しながら部屋の中を見回す。

すると突然、この世に一人だけ取り残されたような孤独感が先生を襲った。

さすがの先生も少し不安になり、「おーい、誰かいないのか?」と声を上げた。

いつもだったら、すぐに秘書かお手伝いさんがやってくるのだが何の反応もない。

先生が焦る己を心の中で奮い立たせながら、布団から出ようとしたそのとき、部屋の右隅に何やら見慣れぬ異様な風貌の生き物が立っていた。

「女か？　それにしてはおかしい」

立っていた生き物は全体的には人間の女に似ており、先生はそれを冷静に観察した。

だが、身体の各部分をよく見ると歪《いびつ》というか、女になり切れていない。

生き物はパッと見る限り、肌が白くぽっちゃりした体型の全裸の女性だった。

胸には豊満な二つの乳房が堂々と並んでいたが、それには乳首がない。

ぽっちゃり好きな男が好む、ほどよく弛んだお腹にはヘソがない。

同じくぽっちゃり好き男性の好物である抱え込むほどの太ももは魅力的だったが、O脚を超えてガニ股気味で股間には陰毛も性器も見られない。

肝腎の女の顔だが、人間のような頭も首もなく、ゆで卵の上半分のような白くてつるつるの物体が直接肩に載っていて、目鼻口や耳などの顔のパーツが何一つ見当たらない。

巻田先生は一瞬で、右隅に立っている生き物の異様な身体の作りを把握し、布団の上で座ったままいつでも迎撃可能な態勢を整えた。

「それは着ぐるみか？　寝込みを襲うにしてはふざけすぎじゃないか」

先生は部屋の隅に立っている化け物の正体は、道場の弟子か会社の職員で、彼らがふざけて着ぐるみ姿で現れ、ドッキリでも仕掛けてきたのかと思った。

しかし、人間の女モドキのような着ぐるみ（？）は、隅に立ったまま動こうとしない。

先生は警戒しながら、女モドキを再び隅々まで観察する。

豊満な女の特徴を持ちながら女ではない。

女モドキをよく見ているうちに、先生はそいつの身体に妙な艶《なま》めかしさを感じていた。

「こんな着ぐるみの化け物に欲情するとはな。俺も相当、溜まっているのか」

先生が心の中で自嘲気味に笑った。

すると次の瞬間、女モドキがいきなり先生に向かってきた。

隙を突かれた先生は「しまった！」と思ったが、そこは武道家。

先生は座ったまま、右足で女モドキの膝に正面から蹴りを入れる。

すると女モドキはよろめき、その隙を見逃さなかった先生は素早く立ち上がると、反射的に右の拳を横に振り払い、まるでハンマーで叩くように女モドキのつるつるで卵のような頭を強烈に打ち付けた。

そのとき、女の頭はグニャっと潰れて白い液体のようなものが飛び散り、同時に打ち付けた先生の拳の小指側から手首外側にかけて痺れるような痛みが走る。

先生の強烈な一撃をもろに受けた女モドキは、よろめくと同時にその場に跪《ひざまず》く。

「むうっ、何だこれは？　まさか毒ではあるまいな」

先生の右手首は、何か危険な薬物に触れたように軽く溶けて爛れていた。

恐らくは女モドキの頭から出た、白い液体の作用であろう。

危険を感じた先生は、右手首に付いた白い液体と爛れを、素早く手拭いで拭き取る。

女モドキは立ち上がると、そのブヨブヨとした身体を震わせながらのそのそと歩き、寝室の障子を突き破るとそのまま庭へ逃げていった。

右手の応急処置を終えた先生は寝間着姿に裸足のまま、女モドキを追って庭に出た。

そして池まで来ると、女モドキは消え、その場に大きなヒキガエルがいた。

恐らく今朝、青大将に飲み込まれていたヒキガエルだろう。

そのヒキガエルの下半身は、食いちぎられたのかなくなっていた。

だが、そんな姿になってもヒキガエルは生きており、先生のことを睨み続けている。

「まさかな、お前が化けて出たとでも？」

無駄だと分かっていたが、先生は上半身だけのヒキガエルにそんなことを問う。

次の瞬間、先生は自分の周りが暗くなり、同時に上から強烈な視線を感じた。

先生が上を向くと「おーっ!!」と驚愕の声を上げ、思わずその場に座り込んだ。

後にも先にも先生が恐怖で腰を抜かしたのは、そのときだけだったという。

先ほどの女モドキが、地上十メートルほどの上空に浮いていたのだ。

しかし身体の大きさは数倍あり、巨人となった女モドキは両手両足をめいっぱい広げ、先生のことを見下ろしていた。

もう一つ、先ほどの女モドキと違うのは顔の部分だ。それは卵ではなく早苗さんだった。

異様なほどまん丸に膨れ上がった顔と、長く垂れた髪の毛。

間違いない。薬の副作用で丸く太ってしまった、生前の早苗さんの顔だった。

巨人の化け物と化した早苗さんは、宙に浮いたまま地上で座り込んだ先生を、再び憎悪の籠もった目で睨みつけていた。

「早苗、俺がどうすればいい、どうすれば俺を信じてくれるのか？」

先生は庭で座ったまま、宙に浮く変わり果てた自分の妻に向かって叫んだ。

だが異形と化した早苗さんは、無言のまま、ただひたすら先生のことを睨み続けていた。

「俺のことがそんなに信じられないか。そんな姿になってまで俺を疑うのか!?」

先生は怒りと悲しみの入り交じった声で、早苗さんに向かって叫ぶ。

すると巨大な早苗さんは、少しずつ空に向かって上昇していく。

相変わらず先生のことを睨み続けながら。

そして早苗さんは、どんどん小さくなって最後は天に広がる雲の中に消えていった。

同時に屋敷中を覆っていた静寂と不穏な空気が、霧が晴れるように消えた。

先ほどまで池の前に転がっていた、上半身だけのカエルもいない。

先生はゆっくりと立ち上がると、寝間着に付いた汚れを手で払った。

すると今になって、男性の秘書がやってきて「先生、体調はいかがですか？」などと間抜けな態度で聞いてくる。

「もう大丈夫。元気すぎて裸足で庭を駆け回っていたところだ」

先生は今までの驚きと恐怖をおくびにも出さず、笑顔で秘書に答えたという。


「そのときだけだった。早苗が化けて私の前に現れたのは。いや、できればあの巨大な異形が、早苗だとは信じたくはないがね。あの青大将に食われたヒキガエルも、何か関係があるのかもしれない。だが今となっては、真相は闇の中だ」

先生は自身の体験談を終えると、お出ししたお茶を一気に飲み干した。

「今でも早苗の墓参りのとき、彼女に聞くんだ。まだ疑っているのか？　と。残念ながら今でも回答はない。あの世に行って直接聞くしかないようだ」

巻田先生はいつもの元気な姿に戻り、豪快に笑った。

「先生はどうして、私にこの過去の出来事をお話ししてくださったのですか？」

私は先生に率直に聞いてみた。

幾ら私の怪談収集のためにとはいえ、自分の奥さんが異形として現れる話など、他人にはしたくないはずだろうに。

すると先生は頭を掻きながら、「うむ、この体験はずっと俺の胸の中にしまっておいても良かったのだが……。自分がこの世にいるのもそう長くないだろうから、何か形として残しておいてほしかった。たとえそれが怪談本だろうとね」と小さな声で答えた。

そして最後に「女は、魔性。どんな大人しそうな女性でも、男が舐めて掛かるとトンでもないしっぺ返しを喰らう。いつも会社や道場の若い男達に言っているが、駆君も気を付けたまえ。もっとも今の時代、そんなことを公言した時点で社会的に抹殺されるがな」

それを聞いて今度は、私も先生と一緒に笑った。

やまのかみ

現在、SEとして活躍する文彰君は、小学生の頃、目の前で祖母を亡くしていた。

祖母の死因は、表向きには熱中症となっていたが、文彰君によると実際は違うという。

それは十数年前、小学生最後の夏休みの出来事だった。

パパパパンッ、パパパパンッ、パパパパンッ！

早朝、文彰君が父親の実家で目を覚ますと、少し離れたところにある山のほうから爆竹を鳴らすような音がずっと鳴り響いていた。

「朝からうるさいなぁ」

時計を見ると、まだ午前六時を少し過ぎたばかりだった。

実家に一緒に来た父親と兄は、既に車で海釣りに出かけていた。

せっかく田舎に来たのに漫画やゲームが好きな文彰君は、自然と触れ合うよりもクーラーの効いた実家で宿題をすることを選んだ。

パパパパンッ、パパパパンッ、パパパパンッ！

山のほうから止まらない謎の破裂音が、文彰君をイラつかせた。

彼が寝間着のまま台所に行くと、祖母が一人で朝食の準備をしている。

「文ちゃん、おはよう。兄ちゃん達はとっくに出かけたよ。海釣り、一緒に行けばよかったのに」

文彰君の大好きな優しい祖母は、手を止めてニッコリと彼に微笑む。

「俺、暑い中で魚が来るのを待つなんて耐えられないから。それよりもさっきからずっと鳴っている、このパパパパンッは何？」

「この音は水田の真ん中にある、小さな山の神様が踊りを踊っている合図だよ。たくさん鳴るほど神様は御機嫌なのさ」

この音に対して祖母自身が御機嫌な様子で、とても嬉しそうに話す。

山と言っても実家近くの水田地帯の真ん中に広がる、盛り上がった僅かな土地のことで、そこに木々が生い茂って小さな山のようになっていた。

「やまのかみさま？　ウソだぁ」

「嘘じゃないよ。文ちゃんも幼稚園くらいまでは、私とよく山の頂上にある御社《おやしろ》にお参りに行ったじゃないか。兄ちゃんは、何故か行きたがらなかったけど」

その小山の頂上には小さな御社があり、祖母やその他の土地の人々が「山の神」と呼んで定期的にお供え物や掃除などをしていたらしい。

言われてみれば文彰君が幼い頃、確かに祖母に手を引かれ、小山に敷かれた荒れた石段を上り、古くて小さな御社に手を合わせた記憶が曖昧ながらも微かに残っていた。

「でも、最近は余裕がなくてずっとお参りに行ってなかったねぇ。文ちゃん、朝ご飯を食べたら久しぶりに行こうかね。昔みたいに」

祖母は過去のことを思い出して、目を輝かせながら文彰君を誘った。

正直、文彰君は朝とはいえこの暑い中、そんな山の御社に行きたくはなかった。

しかし祖母はここ数年、闘病の末に亡くなった夫の介護や、自分自身も病気になって入退院を繰り返していたりと、気を落ち着かせる時間が殆どなかった。

文彰君はそんな祖母の願いを断れずに、一緒に小山の御社に行くことにした。

それにさっきから一向に鳴りやまない、このパパパパンッの正体を見たいとも思った。

パパパパンッ、パパパパンッ、パパパパンッ！

朝食を取っている間も祖母と二人で実家を出た後も、ずっと小山のほうから爆竹を鳴らすような音が鳴り響いていた。

小山に向かうために車も通れない狭いあぜ道を歩きながら、文彰君は早朝から続くこの破裂音にうんざりしていた。

だが、祖母のほうは孫と久しぶりに二人きりで外出したのが嬉しいようで、太陽の照り付ける暑さの中でもずっと笑顔だった。

そして途中、祖母の近所に住む農家のおじさんに出会った。

「おはよう、今日は久しぶりに山の神様が踊っているから、孫とお参りに行くのよ。聞こえるでしょ？　この音が」

祖母は汗ばんだ笑顔で、おじさんに話しかける。

すると、最初は祖母と同じく笑顔だったおじさんは「音だって？」と不思議そうな顔をして聞き返す。

パパパパンッ、パパパパンッ、パパパパンッ！

「……まあ、石段を上るときは足元に気を付けてな」

破裂音の響く中、おじさんは手拭いで首元の汗を拭きながら祖母にそう忠告すると、何か浮かない顔をしたまま二人の前から去っていった。

二人が水田の真ん中にポツンと存在する、木々の生い茂った小山の近くまで来ると、それの頂上に登るための石段の前に小さな鳥居があった。

木製の鳥居はかなり昔の物らしく、あちこちが傷んでいる。

文彰君は、その古くて小さな鳥居を見て思い出した。

今よりももっと幼い頃、自分は祖母に手を引かれて、よくこの小山を登ったことを。

そして頂上にある、これまた小さな御社に向かって二人で手を合わせたことも。

「思い出した、お婆ちゃん。確かに俺、この山に登ったたよ」

パパパパンッ、パパパパンッ、パパパパンッ！

相変わらず鳴り響く破裂音は、確かに小山の頂上から聞こえる。

「そうなの、やっぱり思い出したのね」

祖母はニンマリとした表情のまま、何度も頷く。

二人が鳥居を潜ると、破裂音は唐突に止んだ。

同時に文彰君と並んで、左側に立っていた祖母の足も石段の前で止まる。

そして突然、祖母は「ああっ⁉」と、何かに驚いたように大声を上げる。

「どうしたの？　お婆ちゃん」

文彰君が左側に立つ祖母を見ると、彼女はその場で硬直していた。

目を大きく見開き、下顎が落ちそうなくらい大きく口を開いて。

更に両手をだらんと下げ、身体を小刻みに震わせている。

何かを恐れているような祖母の視線は、小山の頂上にある小さな御社を捉えていた。

文彰君がもう一度、様子のおかしい祖母に話しかけようとしたときだった。

突然、彼の左側を目には見えない何かが、ゆっくりと通り過ぎていくのを感じた。

その何かは目に見えないにも拘らず、文彰君にはそれがとてつもなく大きな未知の生き物のように思えて戦慄した。

これは文彰君が後から語った感想だが、そのときは地上にいるはずのない、大型の水棲生物みたいなモノが、堂々と石段から自分達に向かってズルリズルリと通り過ぎていくような感覚だったという。

文彰君の左半身に、ヌルッともザラッとも言えない不快な感触が走る。

同時にその何かは、祖母の全身を蹂躙《じゅうりん》するように通過していく。

「お婆ちゃん⁉」

文彰君は泣きながら、その場で絶叫した。

祖母の顔だけが、あっという間に黒く染まっていく。

その黒さは、長年使い古された硯《すずり》のように濃くて深い黒さだった。

「オロ……」

何かが二人の元を完全に通り過ぎ去る直前、低く野太い声でそいつが言った。

文彰君はその声を今でも忘れていないが、オロの後の部分だけは曖昧だった。

「オロチ」にも聞こえたし、「オロカ」とも聞こえたという。

大蛇のオロチか、それとも愚か者のオロカか？　今となっては分からない。

顔だけが真っ黒に染まった祖母は、その場に崩れ落ちた。

文彰君は再び悲鳴を上げ、助けを呼ぶために大泣きしながら実家のほうへと走った。

そして途中、行きで出会った農家のおじさんがいたので、たった今祖母の身に起こった現象をわめくように説明した。

「よく分からんが、婆さんが危ないんだな？」

おじさんはパニックになった文彰君を落ち着かせると、彼と一緒に小山まで戻った。

「婆さん、大丈夫か？」

おじさんは鳥居の側で倒れていた祖母の身体を抱き上げる。

「これはいかん！」

おじさんは祖母が息をしていないことに気が付くと、慌ててポケットから携帯電話を取り出して、どこかに電話した。

そして文彰君にとりあえず、一人で実家に戻れと言った。

祖母が心配な文彰君はそれを拒んだが、「気持ちは分かるが、後は大人にまかせろ」とおじさんに強く言われて、渋々それに従うことにした。

去り際、文彰君はおじさんに抱かれた祖母の顔を覗き込む。

さっきまでは恐怖で強張り、硯のように真っ黒に染まった祖母の顔色は元に戻り、まるで昼寝でもしているかのように穏やかだった。

実家で祖母の安否を心配していると、おじさんかその他の誰かが連絡をしてくれたのか、文彰君の父親と兄が慌てて車で帰ってきた。

同時に祖母が亡くなったことも聞かされた。

文彰君は、その後のことは祖母の死にショックを受けていたせいで、あまりよく覚えていないという。

警察を始め、何人かの大人達に祖母が倒れたときの状況を聞かれ、文彰君は正直に自分達の身に起こったことを話した。

だが警察も含め皆、怪訝そうな顔をするだけで彼の話を信じてくれなかった。

猛暑の最中に突如、熱中症で倒れた祖母を見て大いに動揺し、錯乱したのだろうと。

そして早朝からずっと小山のほうで鳴っていたパパパパンッという破裂音を、祖母と文彰君以外は誰も聞いていないことも知らされた。

文彰君の田舎での夏休みは、そのまま祖母の葬式となってしまった。


それから数年後、文彰君が大学受験に受かったとき、先に社会人になっていた兄と二人きりで話す機会があったという。

「俺も気付いていたんだ」

兄は、正体は分からないものの、実は文彰君と祖母が遭遇した目に見えない何かの存在を自分も知っていたと告白した。

まだ文彰君が生まれる前、幼かった兄は祖母に手を引かれて小山の頂上にある御社に行き、そこで「何か」の姿をはっきりと見たらしい。

どうして自分だけが、「何か」の姿を見ることができたのか分からなかったが、それ以来、兄は恐ろしくて祖母に誘われても小山には行けなくなった。

「何か」はどんな姿をしていたのかと文彰君が聞いたが、兄は教えてくれなかった。

「あんなモノの姿を知ってもこれからの人生、何のプラスにもならない。だから、お前は知らなくていい。知らなくていいんだ」

そう話す兄の身体は少し震えていたという。

「今でも神社やお寺でお参りをするとき、一瞬考えてしまいます。自分達を守ってくれると思っている存在は、こちらが勝手にそう思い込んでいるだけで、実はとんでもないモノなんじゃないかと」

文彰君は、そう言って彼自身の体験談を終えた。

現在もその水田地帯の真ん中に御社のある小山は存在する。

しかし、周りの住人の高齢化や村自体の過疎化が進み、御社のお世話が疎《おろそ》かになっているだけではなく、その存在自体も忘れられようとしているらしい。

「いずれ、あの小山の御社は誰からも忘れられ、完全な廃墟となるでしょう。そのとき、周りの住人に何か悪いことが起きなければいいのですが……」

文彰君はそれがとても気になるそうだが、自分だけではどうにかなるレベルの話でもない。

だから、そのことはもう諦めている。

「祖母の命を奪った何かは憎いですが、相手が悪すぎます」

文彰君は祖母のことを思い出したのか、そう言って涙を流した。

ハハタン

私の職場の近くに昔からある整骨院の院長杉原さんが、若い頃初めての海外旅行で体験した不思議な出来事を教えてくれた。

杉原さんがその旅行に行った当時はバブルの真っただ中で、日本全体が好景気に浮かれていたという。

そして杉原さんもバブルの恩恵を受け、始めたばかりの整骨院の経営があっという間に軌道に乗り、三十代前半の若さで幾つもの分院を持つなど破竹の勢いだった。

「そういえば俺、まだ海外に行ったことがないなぁ」

ある日、杉原さんは常連客でもある大学の後輩、小木にそんなことを言った。

「じゃあ、近々行きましょうよ、先輩。俺がガイドを務めますから」

小木は学生時代から、バックパッカーとして主に東南アジアを貧乏旅行して回っていたので、海外での経験や知識は豊富だった。

杉原さんが頼むと、旅慣れした小木はあっという間に飛行機のチケットやホテルの手配など、旅行の準備をしてくれた。

また小木は複数の外国語もある程度話すことができたので、初めての海外旅行にも拘らず、杉原さんは安心して飛行機に乗り込んだ。

そのとき、行ったのは東南アジアのとある国。

杉原さんと小木は現地の空港に着くと、とりあえずホテルにチェックインした。

杉原さんは初めての海外でやや緊張していたが、旅慣れした態度で現地の人々と話す自分の後輩を見て頼もしく思ったという。

それからタクシーを拾い、二人は現地の観光名所と呼ばれる場所を一通り回った後、夕食はホテル近くの大きなレストランで取ることにした。

「小木、お前のおかげで初めての海外旅行、とても快適で楽しいよ。ありがとう」

杉原さんは小木のコップにビールを注ぎながらお礼を言った。

「いやあ、今回は先輩に旅費の殆どを出してもらいましたから、これくらいは当たり前ですよ。最近は仕事が忙しくて海外に行ってなかったから、俺も楽しいです」

二人は地元の名物料理を突きながら、異郷の地で和やかに談笑した。

「あなた達、日本人でしょ。私はケイ、よろしくね」

料理を食べ終わり、ビールのお代わりをしようとしていた二人のテーブルにいきなり若い女性がやってきて、勝手に自己紹介を始めた。

顔つきなどからして現地人のようだったが、驚くほど流暢《りゅうちょう》な日本語を話す。

年齢は二十歳前後、小柄だがスマートで黒髪の似合う女性だった。

杉原さんはこのとき、女性の南国特有な健康的で整った容貌に、一瞬心を奪われて酔いが一気に醒める思いがしたという。

ケイと名乗るその女性は断りもなくテーブルの席に着くと「私にも奢ってよ」と、褐色の眩しい笑顔でビールのおねだりをしてきた。

杉原さんが急な美人の来客に戸惑っていると、小木は目をつぶって顔を横に振る。

「ケイと言ったか、日本語が上手いな。残念だけど俺達は今回、純粋に観光旅行を楽しみに来たんだ。この一杯を飲んだら、すぐに帰ってくれないか」

小木はやや険しい顔つきで、ぞんざいにケイのコップにビールを注ぐ。

「現地で若い女に誘惑されても、ノコノコ付いていかないでくださいよ。後で怖い男達に囲まれて身ぐるみ剥《は》がされるか、いい思いをしても病気を移されるのがオチですから」

旅行に行く前、杉原さんは小木から受けた忠告を思い出した。

そしてきっとこのケイは商売女で、自分達は買春目的で海外に行く、スケベな日本人観光客と勘違いされたのだと杉原さんは悟った。

「まあ男二人だけの観光客なら、そう思われても仕方ないな」と、杉原さんはニヤリと笑ってケイと後輩のやり取りを見物した。

「違うわよ。私を商売女と勘違いしないで。二人の強そうなサムライ達を見つけたから、折り入ってお願いがあって来たのよ」

ケイを早く追い払おうとする小木に対して、彼女はイラついた様子でやや声を荒らげた。

杉原さんと小木は二人とも身長が百八十センチ前後あり、学生時代から柔道とジムで鍛え上げられた見事な筋肉の持ち主なので、強そうに見えるのは確かだった。

「私、半分日本人なの。父親が日本人で母親がこの国の人間。幼い頃は日本に住んでいたこともあった。今は通訳やガイドをして食いつないでいるのだけど……」

「日本語が上手いのはそのせいだったのか。顔つきもどことなく日本人の面影がある」

今まで黙っていた杉原さんが納得したように言うと、ケイは少し微笑んで彼の肩の筋肉を撫でながら、一人で勝手にお願いとやらを話し始めた。

ケイの話を要約するとこうだ。


この町からかなり離れた山の中に病人村と呼ばれる場所があり、ケイはそこに自分を連れていってほしいと。

その村は名前の通り、治る見込みのない病人やケガを抱えた現地の人々が捨てられる場所なのだという。

そしてケイの幼い息子も生まれつきある病気のため、親族達の手によってそこに捨てられてしまったので、何とかして助けに行きたい。

村自体には病人達と、彼らを世話する幾人かの老人達しかいないので怖くはない。

問題は山道には、たまに山賊が現れるので、強そうな二人の日本人にボディーガードになってもらいたいのだという。

現地の人々は昔からその病人村を忌むべき場所と恐れており、ケイに付いてきてくれる者は誰一人いないらしい。

そして一番に頼るべき存在であるケイの夫は、彼女にギャンブルで作った多額の借金を押し付けてどこかに逃げてしまったので、八方塞がりな状態なのだという。

病人村や山賊、忌むべき場所などと、現代の日本では殆ど聞かない単語が飛び出すケイの話に、杉原さんと小木は眉を顰《ひそ》めながら顔を見合わせた。

「私は正気よ。狂ってなんかないわ。同じ日本人としてお願いしているの」

怪訝そうな顔をする二人の男に対して、ケイは真顔で言った。

「君の話が本当だったとして、その忌むべき病人村に行き、山賊に怯えながら子供を助けました。で、異国で危険を冒した俺達に何のメリットがある？」

見ず知らずの旅行客に、自分の事情や要求だけを一方的に話すケイに対し、小木が鋭く突っ込むと彼女は沈黙した。

しかし、今度は目に涙を浮かべながら「弱い者を助ける満足感よ」と、ケイは言う。

「正にナンセンスとはこういうことだな」

小木は呆れ顔で残りのビールを飲み干した。


翌日の昼、杉原さんと小木、そしてケイはレンタカーで山道を走っていた。

道と言っても、もちろん舗装などされていない。

左右を密林のような木々と草に囲まれ、辛うじて車が通れるだけの、デコボコな上にぬかるんだ地面を走っているだけだった。

結局、二人はケイの依頼を引き受けることにした。

正確には杉原さんの強い要望に、小木が根負けした形だったが。

「いいんですか、先輩。こんな本当かどうかも分からない話にほだされて」

ハンドル握る小木は悪路と格闘しながら、助手席に座る自分の先輩に訊ねた。

「サムライと言われたら、男として助けない訳にはいかないだろう。それに同じ日本人として放ってはおけない」

杉原さんは昨晩、市場で調達した重い木製の警棒を片手に、強がって答えた。

「日本人なのは半分だけですけどね。ここら辺の山賊は銃を持っていますから、柔道もその警棒もどれほど役に立つか……」

小木は諦めたようにそう言うと、運転に集中し始めた。

「オギは往生際が悪い。そんなんじゃ女にモテないわ」

後部座席に座っている御機嫌なケイは、小木に対してからかうように言った。

そんなケイを無視して小木は「今回の旅行は高く付いたなぁ」と聞こえるように呟いた。

「すまん」と杉原さんは俯きながら小声で答えた。

ケイは二人の心配をよそに、息子を取り返したら今の町から逃げて、働きながらデザイナーの勉強をするなど、これからの将来設計を頼まれもしないのに一人で語っていた。

それからしばらくして、密林を進んだ車はケイのいう病人村とやらに到着した。

幸い、山賊に遭遇することはなかったが、帰りもそうだという保証はない。

それに病人村自体にも、何が待ち受けているかも分からない。

村の規模は杉原さん達が思っていたよりも大きく、石材をメインにして作られた粗末で小さな家が幾つも並んでいた。

しかし、それらの家々の殆どは崩れかけており、辺りにはゴミが散乱している。

加えて村から少し離れた場所に駐めた車の中にも酷い悪臭が漂ってきて、ここが捨てられた病人達やケガ人達が住む村なのだと、杉原さん達は確信させられた。

「連れてきてくれてありがとう。息子のいる場所は分かっているから、二人は車の中でいつでも発進できるようにしておいて。あと何かあったらそのときはお願いね、サムライ！」

「ケイ、お前本当に一人で村の中に入るのか？　病人村というくらいだから、伝染病や感染症とかは怖くはないのか」

杉原さんは、村の中には単独で行くというケイを心配して言った。

「大丈夫よ。そういう病人は、この辺りでは真っ先に違う山に埋められてしまうから。ここには感染するような病人はいないわ、多分」

ケイは杉原さんにウインクをすると、バックを一つだけ抱えて村の奥へと走っていった。

「日本じゃ考えられないけど、これが異国文化の醍醐味《だいごみ》だなぁ」

半ばヤケ気味なっていた小木は、車内で大きな伸びをしながら呻《うめ》くように言った。

二人はしばらく車の中で待っていたが、なかなかケイが戻ってくる様子がない。

杉原さんはケイを待つ間、悶々とした気分で貧乏ゆすりが止まらない。

「先輩、外に出てタバコを吸いましょう。あの強い女ならきっと大丈夫ですよ」

小木の提案で二人は車から降りて、村の入り口前でタバコを吸い始めた。

しばらく無言でタバコを吸っていた二人だったが、不意に小木が「今のところ、コイツを使わずに済んでよかったですよ」と言いながら懐から拳銃を覗かせた。

「お前、そんな物をいつの間に!!」

後輩の行動に衝撃を受けた杉原さんだったが、小木は「あくまでも保険ですよ、保険。もちろん日本には持って帰りません」と先輩をなだめた。

その後タバコを一本吸い終わると、杉原さんは好奇心で村の奥を覗いてみるが、病人どころかねずみ一匹見当たらず、辺りには不気味なほどの静寂が広がっていた。

「先輩、コイツは何なんですかね？」

気が付くと小木が車から少し離れた村の外れに立っていて、何か大きな物体を指さしながら杉原さんを呼んでいる。

杉原さんが小木のほうに近づいて物体をよく見ると、それは大きな黒い檻だった。

日本ではよく害獣捕獲用に使われている長方形で金属製の物で、全体的にかなり頑丈な作りをしているようだった。

問題は、その檻の中にいる不可解なモノだった。

「こいつも病人なのか？」

杉原さんは、檻の中に座る一人の男を見ながら小木に聞いた。

「いや、俺のほうが聞きたいですよ。病人にしてはガタイが良すぎじゃないですか？」

確かに檻の中で座っているのは筋骨隆々とした褐色の大男で、身に着けている物といえば、青いパンツ一丁のみだった。

檻に閉じ込められて、長いこと散髪をしていないのか茶色の髪の毛は伸び放題だったが、何故か髭は毎日綺麗に剃っているかのように全く生えていない。

不気味なのがそいつの肌の質感で、生きている人間には間違いないのだが、どことなくプラスチック樹脂のように、スベスベで人工的な光沢を放っていた。

更に人間だったら、肌の下に見える静脈が身体のどこにも見当たらない。

そんな大男が檻の中で体育座りをし、無言で空を見つめていたのだ。

「檻に入っているということは、罪人か？　それにしてもこいつ、しっかり呼吸はしているみたいなのに、どうも人間っぽさが感じられないな」

整骨院の院長でもある杉原さんは、まるで患者を視診するように大男を観察した。

「おい、お前は何をしてここにブチこまれたんだ？　答えろよ」

小木が現地の言葉で大男に何度か話しかけるが、全く反応がない。

大男は反省している子供のように檻の中で身体を縮めて体育座りをしたまま、二人には視線すら合わせようとしない。

「お前の筋肉なら、この檻くらい壊して脱出できるだろ。出てこいよ」

イラついた小木が檻を叩きながら挑発するようにそう言うと、大男は初めて反応した。

小木のほうを向いてニヤリと笑いながら頷くと、大男はゆっくりと立ち上がった。

そして大男の巨体は当たり前のように鉄格子をすり抜け、檻から簡単に脱出した。

その異様な光景を目の当たりにした杉原さん達は、反射的に後ずさりをした。

「小木、今のを見たか？」

杉原さんは、警棒をきつく握りしめながら小木に聞く。

「見ましたとも。信じたくはありませんが、コイツは普通の人間じゃない……」

小木も大男がいつ襲い掛かってきてもいいように、身体が自然と対戦の構えを取っていた。

しかし、青パン一丁の大男は自由の身になれたことが嬉しいのか、日本から来た侍二人を前にして何をする訳でもなく、ただニコニコと笑顔を振りまくだけだった。

杉原さんは警戒しながら、改めて立ち上がった青パン男の身体を見回す。

高度な鍛錬をしたボディビルダーのような素晴らしい肉体とは反比例して、青パンの顔つきはまるで十代半ばの少年のように幼く見えたという。

そして普通の人間だったら持っている皮膚のシミや小さな傷といったものが、どこを探しても見つからない。

皮膚の下に静脈が全く見えないことも、座っているときと同じ。

その身体の表面は、陽の光を浴びてテカテカと人工的な輝きを放っている。

まるで、新品のマッチョな褐色マネキン人形が立っているようだと杉原さんは思った。

「スギハラ、オギ。息子を取り返してきたよ！　早く車を出して」

そのとき、三人の所に向かって村の奥からおくるみのような物を抱いたケイが走ってきた。

「あっ、あっ、それはハハタン？」

ケイは青パンの姿を確認すると、驚いた顔をして数メートル手前で立ち止まった。

「ハハタ……？　ケイ、ハハタンと言ったな。お前はこいつを知っているのか」

小木は構えたままケイに質問するが、おくるみを大事そうに抱えたケイはそれに答えずにゆっくりと、青パンに近づいていく。

「小さな頃、何度も森で遊んだことがある。驚いた、全然歳を取っていないね」

ケイは彼女がハハタンと呼ぶ青パン大男の腕に軽く触れる。

「おい、危ないぞ。むやみに触るな」

杉原さんは大慌てで警告するが、ケイはハハタンの存在を怖がるどころか、むしろ笑顔をにじませながら喜んでいるようだった。

「大丈夫よ。ハハタンは日本で言えば、お化けかな。昔からこの地域の森にいて、大きいけど優しくて子供達と遊ぶのが大好き。私のお婆ちゃんや母親も遊んだそうよ」

ハハタンは相変わらずニコニコしながら、ケイの頭を大きな手で優しく撫でた。

ケイの話によると、ハハタンは森に住む妖怪のような存在で、自分から人間に害をなすことはなく、むしろ子供達がいると喜んで一緒に遊ぶそうだ。

だが昔から森の猟師とだけは仲が悪く、彼らに対してはよく悪戯をするらしい。

恐らく今回も猟師達に何かやらかして、この頑丈な檻に閉じ込められたのだろうと、ケイは自分の推測を杉原さん達に話した。

そしてハハタンは何でもすり抜けられるらしいが、金属だけは苦手なのだそうだ。

「でもコイツはさっき、俺が出てこいと言ったら金属の檻をすり抜けて出てきたぞ！」

小木は先ほどハハタンが檻をすり抜けた事実を、まだ完全には受け入れられないといった様子で、疑いの目でケイに言う。

「ああっ、それならオギがハハタンを助けてあげたのね。ハハタンは金属の檻に閉じ込められたら、誰かが出ていいって言うまでは出られないのよ」

ケイは小木の疑問に対して、ニッコリ笑いながら当たり前のように答える。

ハハタンはそこで初めて、巨体を揺らしながら低い笑い声を漏らした。

杉原さんと小木はまた、互いに困惑した顔を見合わせた。

「そのさ、お化けとの再会はいいとして、とにかく早くここから去ったほうがいい」

杉原さんがそう言うか言わないうちに、車のほうから男達の声が聞こえてきた。

車のほうを見ると、そこには数人のライフルを持った男達が立っており、彼らに向かって何かを叫んでいる。

杉原さんは一瞬、そいつらを山賊だと思って身震いしたが、ケイがそれを否定した。

ケイの話によると、どうやら男達は地元の猟師グループらしい。

「猟師達は、早くハハタンから離れろと叫んでいるわ。多分、ハハタンを閉じ込めたのは彼らかもね……」

ケイがそう言い終わらないうちに、ハハタンが猟師達に向かって動き出した。

ハハタンの顔は先ほどまでの温和な表情ではなく、憤怒《ふんぬ》の色に満ちていた。

そしてハハタンの移動の仕方を見て、杉原さんと小木はまた仰天した。

青パンお化けの歩く歩幅と、移動する距離が合っていないのだ。

ハハタンがゆっくりと一歩を踏むと、彼はその数倍の距離を進んでいく。

その光景はハハタンの足が地面から僅かに浮いていて、まるでホバー移動さながら前方へと滑っていくように見えたという。

「ハハタンは猟師と火薬の匂いが嫌いなの。閉じ込められた仕返しに行くんだと思う」

ケイの言う通り、ハハタンが向かっていくと、猟師達はパニックを起こしたように口々に何事かを叫びながら、森の中へと逃げていった。

ハハタンのほうも猟師を追いかけるため、木々をすり抜けて森の中へ消えていった。

今までの信じられない出来事のせいで、杉原さんと小木は棒立ちになっていた。

「さあ、二人とも町に帰るわよ。感謝するわ」

そんな二人に対して、ケイは何事もなかったように車に向かった。

帰り道、車中でケイの抱いたおくるみがウンともスンとも言わないので、助手席の杉原さんが「助け出した子供は大丈夫なのか？」と彼女に訊ねる。

するとケイはおくるみタオルを解いて、彼女の幼い息子を見せてくれた。

その姿を見て慄然《りつぜん》とした杉原さんは、大声を上げそうになった。

後部座席でケイが抱いていたのは、真っ黒な餅のような物体だった。

それは猫くらいの大きさで、生きている証しなのかプルプルと震えている。

「息子は生まれつきこんな姿だったから、病人村に捨てられたの」

今まではずっと、太陽のように明るい表情だったケイの顔が急に暗くなった。

「どうしたんです、先輩。ケイの子供に何かあったとか？」

ハンドルを握る小木が、杉原さんの狼狽《ろうばい》ぶりを見て、訊いた。

「何でもないよ、小木は見ないほうがいい。運転に響く」

しかし、小木もルームミラーでケイの抱く黒い物体を見てしまった。

「まあ、もうここまで来たら大抵のことでは驚きませんよ……」

小木は顔を引きつらせながらも運転に集中した。

ケイは町に着くまで、車内で真っ黒な自分の息子にずっと話しかけていた。


その後、幸いにも山賊やトラブルに出会わずに四人（？）を乗せた車は町に着いた。

「二人とも本当にありがとう。感謝してもしきれないわ」

顔に明るさの戻ったケイはおくるみを抱いたまま、杉原さんの左頬にキスをした。

ケイは小木の頬にもキスしようとしたが、彼はそれを断った。

「やっぱり、オギはモテないわね」

ケイは笑いながら軽快な足取りで、幼い息子とともに自分の家へと帰っていった。

キスをされた頬を呆けた顔で、大事そうに撫でていた杉原さんに小木が言う。

「なかなか面白い体験をしましたが、全部忘れましょう。あの女、ケイもまともじゃない。先輩もはっきり見たでしょう、あの黒い物体が自分の息子だなんて」

杉原さんは一瞬、回答に困ったがすぐに「そうだな」と小さな声で答えた。


翌日、杉原さん達が帰国するために空港に向かうと、ケイが見送りに来てくれた。

彼女のお腹は妊娠したように大きく膨らんでいた。

ケイは元々が痩せていたから、その変化にすぐに気が付いた。

「ケイ、そのお腹はどうしたんだ？」

杉原さんが不安げな表情でケイに訊ねた。

するとケイはシャツをめくって、自分の腹を二人に見せる。

彼女のお腹は本当に大きく膨らんでおり、妊娠線まで付いていた。

妊娠したように、ではなくケイは実際に妊娠しているのだ。

「今度は健康に生まれてくるように、お婆ちゃんにお腹に戻してもらったの」

ケイは相変わらず明るい笑顔で、トンデモないことをさらりと言う。

「そうか、今度は元気な子に生まれてくるといいな……」

杉原さんは頭が真っ白になりかけた状態でケイにそれだけ言うと、あとは空港カウンターまで小木に引っ張られるような形で彼女の元を去っていった。

「全部、悪い夢だったと思いましょう。今回の旅は最悪だ!!」

小木は空港内で杉原さんの腕を掴みながら、大声で悪態をついたという。


その後、杉原さんは単独で何度かケイのいる国へ行ったらしい。

しかし、二度と彼女と会うことはできなかった。

また杉原さんは現地の人々に、病人村のことについて訊ねて回った。

しかし、杉原さん達が行った森の中に確かに無人の村は存在するが、そこはただの廃村で、忌まわしい謂われやエピソードなどは特にないと言われたという。

「あの初めての海外旅行、良くも悪くも全てが夢の中のような出来事だった。そして、もう還暦を過ぎているのに、恥ずかしながら今でもケイの笑顔が忘れられないんだよ」

杉原さんは左頬を撫でながら、自分の若い頃の奇妙な体験談を終えた。

ラブレター

華怜《かれん》さんは高校時代、片思いの男子生徒がいた。

奥手な華怜さんにとって初恋の人で、悠馬君という同級生だった。

何とか告白をしたかったが、恥ずかしくてどうしても無理だった。

女友達から「メールやメッセージアプリよりも手書きのラブレターのほうが、男にとっては熱意が伝わって喜ぶよ」というアドバイスを貰った。

だから、華怜さんは一晩かけて頭を捻《ひね》りながらラブレターを書き上げた。

だが結局、それも渡せぬまま三年が過ぎ、高校を卒業してしまった。

悠馬君の電話番号やメールアドレスを聞く勇気もなかったそうだ。

そのまま大学に進学した華怜さんだったが、やはりどうしても悠馬君のことが忘れられない。

せめて、三年間眠らせたままのラブレターを渡すことができたら、という思いが日に日に強くなっていった。

すると高校時代の女友達が、悩める華怜さんに再び教えてくれた。

それは鏡を使って天使を呼び、本人に代わって目的の人間に思いを伝えたり、物を渡してくれるという、えらく都合の良い交霊術の一種だった。

さすがの華怜さんも大学生にもなって、「天使を呼ぶ」はないでしょう、と呆れてしまったが友人は真面目な顔で、その交霊術の方法を教えてくれた。

「やってみれば分かるよ。効果テキメンだから」と。

にわかに信じられない話だったが、華怜さんは自分の悠馬君を思う気持ちには逆らえずに、その交霊術を実際にやってみることにした。

しかし、華怜さんは交霊術の具体的な方法を教えてくれなかった。

「いろいろな意味で凄く恥ずかしいので」というのが理由だそうだ。

取材する側としては、それが一番知りたいのだが、華怜さんは絶対に口を割らなかった。

恥ずかしい（？）交霊術の儀式を終えた後、華怜さんは自室の床に置いた鏡の前に、悠馬君へのラブレター（いろいろと修正済み）をかざす。

こうすると鏡の中から天使が現れて、ラブレターを思いの人に持っていってくれるのだそうだ。

「馬鹿らしいとは思う反面、天使でも何でもいいから、この三年間の思いが詰まったラブレターを悠馬君に届けてほしいと願いました」

華怜さんの願いが届いたのか、しばらくすると鏡の奥から何かが現れた。

しかし、それは天使などではなかった。

何故か華怜さんの高校時代の制服を着た男子生徒が、水面に浮かび上がるように現れたのだ。

男子生徒は鏡の中から素早く腕を伸ばすと、華怜さんの手からラブレターをひったくり、再び鏡の奥へと消えていった。

その際、男子生徒は彼女の顔をチラッとだけ見たという。

だが鏡の中から現れた男子生徒の顔に、華怜さんは見覚えがなかった。

念のために、卒業アルバムを調べると、その男子生徒は彼女と同じクラスだったことが分かった。

「悪いけど、彼のことは全然覚えていなかったんです……」

華怜さんの頭には、悠馬君のことしかなかったのだ。

その男子生徒がどうやって鏡の中から現れ、何故華怜さんのラブレターを取っていったのかは謎のままだ。

またその男子生徒が現在、どこにいて何をしているのかも不明。

「ただの悪戯だったのか。あるいは彼も私に好意を持っていて、悠馬君へのラブレターに嫉妬したのか。もう、どちらでもいいんですけどね……」

最近、華怜さんは最寄り駅で久しぶりに悠馬君を見かけたという。

しかし悠馬君の隣には、彼と手を繋ぎながら楽しそうに笑う若い女性がいたらしい。

こうして華怜さんの初恋&長い片思いは終わった。

「今ではあのラブレター、持っていってくれた男子生徒に感謝しています」

華怜さんは寂しそうに笑うと話を終えた。

松代さんの話　その一「皮脂」

「幽霊だぁ、妖怪だぁ、事故物件だぁ。そんな話ばかり集めるのは止めなさいよ。いつかあなた自身に悪いことが起こるわよ」

東京のM区にあるマンションのオーナー、松代さんが取材活動中の私に警告した。

八十歳近い松代さんはハキハキとした元気な女性で、マンション経営以外にも都内で小さな居酒屋を営んでいた。

知人のツテで、幾つもの不思議な話を知っているという松代さんの居酒屋に行ったら、いきなり冒頭の警告である。

「自分だけは、どんな恐ろしい目にあっても絶対に大丈夫！　根拠はないけど私自身、そう思っていた愚かな時期があったわ。でも結局、最後は夫を失った……」

松代さんの夫はこの辺りの地主で、彼が亡くなる五年ほど前までは、もっとたくさんの賃貸物件などを所有していたという。

しかし、偶然かそれとも何かの因果かは今もって不明だが、夫の持っていた賃貸物件とそれらの周りには、大なり小なりことごとく不思議なこと、奇怪なことが起こる。

「それこそ幽霊話から正体不明の怪奇現象まで、一冊の本が書けるくらいたくさん」

そういった物件に、長年関わり続けていた松代さん夫婦だったが、ずっと霊障とか祟りの類にはほぼ無縁で、心身ともに元気で事業を続けていたという。

だが五年ほど前、ある恐ろしい事件に関わったせいで、とうとう夫を失ってしまった。

夫を亡くした後、彼の遺言により松代さんは怪奇現象の起こらないマンション一棟との居酒屋を残して、全ての不動産を売却したという。

「幽霊が出るとか怪奇現象が起こるという話は別として、夫が所有していたのは、ほぼ全て事故物件や瑕疵《かし》物件ばかりだったから。当たり前だけど随分と安く買い叩かれたけどねぇ。まぁ、夫は自分の死後、せめて私にだけは幽霊やら怪奇現象などとは無縁な余生を過ごしてほしかったみたい……」

松代さんは夫のことを思い出したのか、笑顔を交えつつしみじみと語る。

そんな松代さんには大変不謹慎かつ失礼な話だが「一冊の本が書ける」という台詞を聞いて私は心の中でつい、小躍りをしてしまった。

そんな私の下心を読んだかどうか分からないが、松代さんは彼女が体験したという怖い話、不思議な話をなかなかしゃべろうとはしない。

知人と一緒に何とか松代さんの機嫌を取りながら粘りに粘った末、とうとう根負けしたのか、彼女は自身と夫の体験談を話し始めた。

松代さんからは大小含めて十話以上の体験談を聞くことができたが、本に書いていいのは三話までと釘を刺された。

理由は私の身の危険を心配しているから、とのこと。

「話してはあげるけどそんな商売、本当に止めたほうがいいわよ。まだ若いのに」

渋る松代さんから、本に載せる許可を得たのは以下の三話だ。

「以前うちのマンションの隣に、古いアパートが建っていてね。数年前に取り壊されて今は小綺麗なコインランドリーになっているわ」

話の内容は現在、松代さんが所有している怪奇現象の起こらないマンションの隣に、以前建っていた古いアパートについてだった。

十年近く前、松代さんのマンションの二階の一部屋に、市瀬さんという若い新婚夫婦が地方から越してきた。

その部屋には洗濯物を干すための、狭いベランダが付いていたという。

その狭いベランダから一メートルも離れていない隣に、松代さんの言う古いアパートが建っていた。

そして古いアパート側の二階にも、同じような狭いベランダがあった。

市瀬さん側のマンションも古いアパート側も、カーテンなどで隠さなければ隔てるものはガラス戸しかなく、お互いの部屋の中が丸見えになる構造だった。

市瀬夫婦は引っ越して早々に、ベランダ出入り口のガラス戸に合うカーテンを付けて、外部から中が見えないようにした。

しかし、古いアパート側の部屋には人が住んでいるにも拘らず、ガラス戸には薄いカーテンすら付けていなかった。

だから、市瀬夫婦は洗濯物を干すたびに否が応でも、アパート側の部屋内部を見てしまう形になっていた。

見えるのはリビングで、いつも女性が一人で座っていたらしい。

「引っ越した後に、市瀬夫婦から隣のアパートの部屋が丸見えだから、カーテンを付けるかどうにかしてほしい、なんてクレームがあったのよ。でも、カーテンを付けるも付けないも人の勝手だし、第一あっちのアパートはあたし達の物じゃないからね。ただまあ、そのアパートに住んでいるのも少し変わった夫婦なの。町内じゃ、ちょっとした話題になっていたのよ」

そのアパートの二階に住んでいる夫婦は、四十歳半ばくらいの日本人男性と、二十歳前半くらいの外国人女性だった。

やや異色な歳の差夫婦で、近所でいろいろ噂にはなっていたものの、二人とも特に目立ったトラブルを起こすような人達ではなかったという。

リビングにいつも座っている女性とは、外国人の妻のことだった。

松代さんが変わっているといったのはその妻のほうで、とにかく外出をしないらしい。市瀬夫婦からの話によると日がな一日、妻はリビングで座ったままテレビをボーっと眺めてばかりいるのだという。

食事も夫が用意したコンビニのパンや飲み物だけ。

部屋の掃除も洗濯も、年上の夫が殆どやっていたそうだ。

市瀬夫婦のどちらかが洗濯物を干していると、同じように洗濯物を干しているその夫と顔を合わせるときがある。

すると少し窶れた顔の夫は、ニコッと笑って無言で頭を下げる。

夫は随分と若い外国人妻と結婚したが、市瀬夫婦が見る限り、その生活はあまり華があるようには見えなかったらしい。

ある平日の午前中のこと。この日、市瀬さんの奥さんは仕事が休みで、早い時間から済ませた洗濯物を干すために、狭いベランダに出た。

正面に見えるアパートのリビングでは、いつものように外国人の妻が座って、ひたすらテレビ画面をボーっと眺めている。

だが、その日はいつもと様子が違っていた。

妻の背中に四、五歳くらいの子供が抱きついていた。

子供は妻の背中にぴったりとくっついていて、顔はよく見えなかったが坊主頭をしていたところから、どうやら男の子らしかった。

男の子は薄っぺらい白シャツと、安っぽい短パンだけを身に着けていた。

「あの夫婦、子供がいたのかしら?」

市瀬夫婦はマンションに越してきて半年以上が経っていたが、アパート側で子供を見たのはそれが初めてだった。

だが妻は背中に抱きついた子供に話しかけたり、何か世話をする訳でもなく、やはりテレビの画面を気怠そうな表情で見つめているだけだった。

まるで子供の存在そのものに気が付いていないように。

そんな二人を見ていて、なぜだか気味が悪くなった市瀬さんの奥さんは、洗濯物を干すのを早々に済ませると、ベランダのガラス戸とカーテンを閉めた。

そして夕方、奥さんは仕事から帰ってきた旦那さんにアパートの子供のことを話した。

しかし、そのときは「どちらかの連れ子が戻ってきただけじゃないのか?」と、軽く流されてしまった。

その夜、寝室で旦那さんと寝ていた奥さんは尿意で目が覚めた。

トイレに向かう途中、ベランダのある部屋から声のようなものが聞こえてきた。

不審に思った奥さんが部屋に入り、明かりを点けるとベランダのカーテン越しに光が漏れているのが見えた。

どうやらアパート側の部屋は深夜にも拘らず、明かりが点いているようだった。

そして、ウゥ～とかアァ～とか子供が苦しそうに呻くような声が響いてくる。

奥さんは午前中に見た子供のことを思い出した。

「こんな真夜中に苦しそうな呻き声……もしかして虐待!?」

奥さんがサッとカーテンを開くと、アパート側の部屋には異様な風景があった。

明かりの点いた部屋には、午前中に見た白シャツを着た坊主頭の少年が立っていて、あちらのガラス戸越しに奥さんのほうを見ていた。

見ていた、というのは正確ではないかもしれない。

少年の顔には、目も鼻も口もなかったからだ。

だからと言って、少年の顔が完全なノッペラボウだったわけではない。

奥さんのほうを向いた少年の顔面は中心が大きく陥没しており、目鼻口などのパーツが全く確認できない状態だった。

漫画的な表現で例えるなら、妖怪のノッペラボウを仰向けに寝かせ、その顔面を杵《きね》で思い切り叩き潰したような感じだったらしい。

そんな顔でどこから声を出しているのか分からないが、少年はガラス戸を両手で軽く叩きながら奥さんに何かを訴えるように、ウゥ～と呻き声を上げ続けていた。

少年の後ろでは、昼間と同じ位置に座った若い妻がぼんやりテレビを見ている。

しかし、テレビはスイッチが入っていないのか画面は真っ黒だった。

カーテンを開けたら、いきなりこんな風景が目に飛び込んできたので、奥さんは驚く以前に一瞬、頭の中が真っ白になった。

その後すぐに「この子は私の知らない病気か何かのせいで、顔がこんなふうになっているのかも」と強引な推理をして、奥さんは必死でこの異様な状況を理解しようとした。

しかし、そんな奥さんの空しい抵抗も、顔の陥没した少年があちらのガラス戸をすり抜けて、滑るように彼女に向かってきたことで破られた。

少年はバンッ！　とマンション側のガラス戸を強く両手で叩き、その陥没した顔をガラス戸に押し付けてきた。

奥さんはやっと大きな叫び声を上げ、カーテンを閉めて寝室に逃げ戻った。

そして旦那さんを無理やり起こして、先ほど起こったことを早口で捲し立てた。

奥さんは旦那さんと再びベランダのある部屋に行ったが、アパート側のリビングの明かりは点いておらず、少年も若い外国人妻もいなかった。

「疲れているのかい？　そんなお化けみたいなモノ、いる訳ないじゃないか」

まだ少し寝ぼけている旦那さんは、半狂乱に騒ぎ立てる奥さんの頭を優しく撫でた。

だが奥さんはその手を払いのけ、窓ガラスを指さした。

そこには皮脂によって付けられた、小さな左右の手形があった。

更に二つの手形の真ん中には、やはり皮脂によって付いた歪な形のドーナツ状の跡が広がっていた。

少年の陥没した顔の跡だろう。

いずれも、はっきりと窓ガラスに付着していた。

それを見た旦那さんは、はっきりと目を覚まし、奥さんの言っていることが夢や嘘ではないと確信した。

「とんでもない所に越してきてしまったな……」

旦那さんがそう呟くと、奥さんも無言で頷いた。


「そんな話があってすぐ、市瀬夫婦は引っ越していったよ。うちのマンション内で起きた出来事じゃないのに、全くとんだトバッチリだよ!」

松代さんは渋い顔をして悔しそうに言った。

「後を追うようにアパート側の異色夫婦も去っていったんだけど、あちらは完全な夜逃げ。何でも、あの夫婦の間には行方不明になった子供がいたらしい。後々、何度か私のところにも警察が来ていろいろ聞かれたけど、あれからどうなったんだろうねぇ」

そのことが引き金になったのかは分からないが、古いアパートのほうには住む人がいなくなり、しばらくして取り壊され、現在はコインランドリーになってしまったのだという。

幸いなのは、現在のところ松代さんのマンションに、顔の陥没した少年が現れたという報告やクレームは来ていないということである。

松代さんの話　その二「貯水槽」

二話目は今から五十年ほど前、松代さんが結婚したばかりの頃の話だ。

結婚して早々、松代さんは東京と千葉県の県境にある大型アパートで働いていた。

そのアパートは松代さんの夫が所有する物件の一つだった。

アパートは近くにあった運送会社と契約し、トラックドライバー達の独身寮として使われていたという。

当時、松代さんはアパートの一階を改装して作られた社員食堂で、義母と一緒にドライバー達の食事を作っていた。

謂わば寮母みたいな立場で、腹を空かせたドライバー達の面倒を見ていたのだ。

その仕事自体は嫌いではなかったが、度々義母と衝突するのがネックだった。

義母は、当時若かった松代さんが社員食堂で働き始めると、男だらけのドライバー達からチヤホヤされるのが気に入らなかったらしい。

何かと難癖を付けては、いわゆる嫁いびりをされたという。

ある土曜日の午後、仕事を終えた松代さんは独身寮の裏庭でタバコを吸っていた。

その日も、義母から食器の洗い方でネチネチと言われた後だった。

「はあ、帰りたくない」

松代さんはタバコを咥《くわ》えながら、粗末なベンチに座って溜め息をついた。

家に帰って夫に義母のことを愚痴っても、毎度のように「それも覚悟の上で、お前から押しかけてきて結婚したんだろ」と一蹴されるだけだ。

元々、義母は最初から松代さんと息子の結婚に反対していた。

しかも夫はそんな義母と同居すると、結婚前に松代さんにはっきりと宣言していた。

それらを全て納得した上で、半ば押しかけるように夫と結婚をしたのは松代さんなので、彼女には反論の余地すらなかった。

タバコを吸い殻入れに捨ててベンチから立ち上がると、すぐに家には帰りたくない松代さんは何の目的がある訳ではなく、独身寮の裏庭をぶらついた。

僅かばかりの低木がまばらに生えているだけで、庭と呼ぶには余りにも寂しい風景。唯一目立つものがあるとすれば、それは庭の奥にある古い貯水槽だった。

普段、松代さんが仕事帰りにタバコを吸っているとき、視界には入るものの全く気にも留めていなかった、コンクリートで作られた人工の古い貯水槽。

貯水槽の形は、約三メートル×五メートルの長方形。

黒く変色したコンクリート壁の高さは松代さんよりも頭一つ分低かったらしく、約一メートル二十センチくらいだったという。

コンクリート壁の高さがもっと低ければ、公衆浴場の大きめな浴槽にも見える。

この貯水槽も独身寮の敷地内に昔からあるのだが、農業用、防火水用、生活水用のいずれに使用されていたのかは不明。

その中にはいつも茶色に濁った水が縁まで湛《たた》えてあり、底を見ることはできない。

普段は子供などが悪戯して溺れたりしないよう、水面全体を覆うように六角形の網目をした金網が張られていた。

頑丈に作られたその貯水槽は、壊すにしても結構な費用が掛かるらしく、素材のコンクリートが苔むして変色するまで長年、放置されたままだった。

「あれ？」

松代さんが貯水槽に近づくと、いつもは水面の上に張られているはずの金網がない。

更に汚く濁っているはずの水が透明で、貯水槽の底まで見ることができた。

「うそ、何よこれ……？」

貯水槽の内側は、底面と周りの壁面の全てが緑色の苔で綺麗に覆われていた。

まるで壁面と床全体が、緑色のペンキで丁寧に塗装された小さな部屋のようだった。

初めて見る貯水槽の内側だったが、松代さんはその見事な苔の小部屋に心奪われた。

だが貯水槽の底、緑色の床上に沈んでいる物に比べればその感動は些細《ささい》なことだった。

水没していたのは、一人の若い男だった。

詰め襟の黒い学生服を着た短髪の青年。

青年の年齢は十代後半くらいで目をつぶり、両手足を軽く広げて仰向けになっていた。

長いまつ毛と整った顔つきに加え、吊り上がった太眉毛を持った青年は美しさと精悍《せいかん》さを兼ね備えた男だった。

青年の生死は不明だったが、露出した顔や手に腐敗や傷はなく、血色も良い。

青年はまるで、水を目一杯満たした緑色の棺桶の中で静かに眠っているようだった。

松代さんは貯水槽の縁《ふち》を両手で掴みながら、青年のことを食い入るように眺めた。

そして驚くとともに、水没したまま動かない青年の顔から目が離せなくなっていた。

男女問わず、虜《とりこ》にしそうな幻想的な美しさを持つ謎の水没青年。

「とてもイイ男だけど、この人は何者かしら」

松代さんはしばらく青年を観察していたが、不意に我に返ると慌てて辺りを見回した。

「この人、もし死んでいるのなら警察に知らせなきゃ！」

そのとき、松代さんはいつの間にか右隣に若い男が立っていたことに気が付いた。

驚いた松代さんは、その若い男が知っている顔だと気が付いて落ち着きを取り戻した。

「あなたは確か、清治《せいじ》さんよね？」

若い男は、約半年前に運送会社に就職してきた清治という名の青年だった。

荒武者のようなイカツい男が多いトラックドライバーの中で、清治だけは痩せ気味でやや影を感じさせる物静かな青年だった。

だから松代さんも、彼のことが強く印象に残っていた。

松代さんの問いに清治は何も答えず、貯水槽の中をジッと見つめていた。

「あなたは知っているの？　この詰め襟の男を」

再びの問いに、清治という青年は深い溜め息をついた後、

「もう、いいのです。いいのですよ」とか細い声で答えると、下を見ながらトボトボと頼りない足取りで松代さんの前から去っていった。

「何よ、もういいって」

清治の素っ気ない態度に困惑しつつ、貯水槽のほうを向いた松代さんは言葉を失った。

貯水槽は普段通り金網が張られ、水は茶色い汚水に戻っていた。

無論、緑の小部屋に水没していた青年の姿も確認することはできない。

静かな裏庭で、急に怖さが込み上げてきた松代さんは逃げるように家に帰った。

翌日の日曜日、松代さんは朝早くから社員食堂に来ていた。

日曜日は食堂もお休みなのだが、厨房や食堂内を綺麗に掃除しておかないと、また義母に嫌味を言われるので仕方なく自主的に来ているのだ。

昨日、貯水槽内で見た不思議な水没青年のことや、その近くにいた清治の不審な態度も

気にはなっていたが、今は掃除のほうが優先だった。

食堂には松代さんの他、古参ドライバーの丸子さんがテーブルに座り、タバコを吸いながら新聞を読んでいた。

「松代さん、日曜日なのに頑張るね」

丸子さん自体は妻子持ちだったが、兄貴肌な彼は独身寮の若いドライバー達を気にかけて、よく食堂に出入りしていた。

松代さんは丸子さんと世間話をしながら、テキパキと厨房の掃除を進めていった。

しかし、いつもは豪快でテンション高めの丸子さんが、今日に限って元気がない。

「いやあ、こんなこと松代さんに愚痴ることじゃないんだけどさ、清治って若い奴いただろ？　昨晩から姿を見せないと思っていたら、今朝、無断で寮を引き払っていたんだ」

丸子さんは忌々しそうに灰皿にタバコを押し付け、話を続ける。

「今朝、あいつの部屋を訪ねたら、綺麗さっぱり片付けてあってさ。元々、持ち物の多い奴ではなかったが。そしてテーブルに会社の備品とともに辞表が置いてあったんだ」

辞表には、一身上の都合により退社させていただきます、とだけ書いてあったという。

丸子さんの話を聞いた松代さんは掃除をする手を止めて、昨日裏庭で清治と出くわしたことを改めて思い返した。

同時に清治が、あの水没した詰め襟の男を特別な眼差しで見つめていたことも。

「清治さんが会社を辞めたのは、あの水没青年が関係しているのだろうか？」

松代さんはそんなことを考えたが、あえて丸子さんには水没青年の話をしなかった。

理由は上手く言えないが、アレについて触れるのはタブーであるような気がしたからだ。

「社長に言われて清治の実家に確認の電話をしたけど、そんな話は聞いていないし、あちらにもまだ帰ってはいないそうだ。真面目で礼儀正しいし、見かけによらず根性もある奴だったから、期待していたのになぁ」

面倒見のいい丸子さんは腕を組んだまま目をつぶり、酷く落胆した様子だった。

そんな丸子さんに対して、松代さんは余計なことは何も言わずに掃除を再開した。

そして翌日の朝、清治の遺体が見つかった。

清治は貯水槽の金網を破り、上半身を汚水の中に突っ込んだまま絶命していた。

アパートの清掃員が裏庭で作業をしている最中、偶然発見したのだ。

清治は工具などを使わず、自らの手だけで頑丈な網目模様の金網を破ったらしい。

そんな無茶苦茶をしたせいで、清治の両手はズタズタに裂けて骨が見えるほど激しく損傷していたという。

もちろん警察が来て大騒ぎになり、松代さんや丸子さんも含めて運送会社の人間達もそれぞれ事情聴取を受けた。

このときも松代さんは、警察に貯水槽内で寝ていた水没青年の話はしなかった。そんな話をしたら、確実に頭のおかしい女だと思われるだろうと危惧したからだ。

そして捜査の結果、最終的に動機は不明なまま、清治の自殺という形で決着が付いた。

何故彼がわざわざ貯水槽の金網を素手で破り、自殺の場所に選んだのかも謎のまま。

貯水槽は清治の自殺の後、松代さんの夫がすぐに取り壊した。

その解体工事のときには事故などは起こらず、何かおかしな物が発見されることもなく、解体作業そのものはスムーズに終わったという。

運送会社はその後も経営を続けていたが、数年後に社長が全く別の件で不祥事を起こし、それが元であっという間に倒産した。

それによって、松代さんは寮母の仕事から解放された。

彼女は夫にも、貯水槽にいた水没青年のことを話さなかったという。

「あの水没した詰め襟青年が清治さんを誘ったのか。それとも清治さん自らの意志で貯水槽に飛び込んだのかは分からない。でも、後になって清治さんの表情を思い出すと確信したね。彼は詰め襟青年に恋をしていたんだよ」

松代さんは話の最後に断言した。

貯水槽で水没していた詰め襟青年の正体は、もちろん現在も謎のままだ。

松代さんの話　その三「霧雨」

「やっぱり三話目はその話を選んだね。一番、ドギツイ奴を。ソイツを文章にできるものなら、やってごらん。夫の命を奪った話だよ」

この「霧雨」という話を選んだとき、松代さんは私をジロリと睨んだ後、不敵な笑みを浮かべながら挑発するようにそう言った。

そして話の内容を所々ボカし、身バレしないように幾つかの細かい点を変えた形でならば、という条件で文章化する許可を貰った。

過去の話とはいえ、警察の関与や犯罪絡みの話なので、その点は何卒《なにとぞ》御了承いただきたい。

約六年前、松代さんの夫がまだ生きているときの話だ。

ある日、夫は事前に相談もなく、一人の少年を松代さんの元に連れてきた。

少年の名は幸司といい、今年から東京で働くので、夫の所有する都内の一戸建てに引っ越してくるのだという。

ちなみにこの一戸建て住宅も、夜中に原因不明の酷い家鳴りがするという欠陥のある物件だった。

　そして過去に住んだ者達が、家鳴りに交じって男女の悲鳴や叫び声を聞いたという話もあった。

　だが不思議なことに幸司が住み始めてから、家鳴りや男女の悲鳴などはピタリと止んだという。

　幸司は小柄で顔立ちの良い、どちらかというと母性をくすぐるような可愛らしい少年だったらしい。

　大人しそうな幸司は「これからお世話になります」と松代さんに礼儀正しく挨拶をした。

　幸司からは家賃は取らないと言うので、松代さんはケチで守銭奴の夫の頭がとうとう狂ってしまったのかと本気で思ったそうだ。

「勘違いするな。幸司のじいさんは弁護士で俺の命の恩人でもあるんだ」

　夫の話によると、彼が松代さんと結婚する前、ある大きな詐欺事件に巻き込まれたことがあったのだという。

　その事件のせいで夫は、詐欺グループの中心人物だと疑われ、一歩間違えば全財産を失った上に、牢屋行きになるところだったそうだ。

　しかし、有能な弁護士だった幸司の祖父の尽力により、夫と詐欺グループとの関与はないと証明された。

「俺が今、大手を振って歩けるのも全部、幸司のじいさんのおかげなんだよ。だから今度は俺がじいさんを助ける番だ。家賃がタダなんてのは、単なるオマケにすぎない」

夫はそう言うが、松代さんはイマイチ彼の言うことが理解できなかった。

それを察した夫は、松代さんに詳しい事情を打ち明ける。

「この子は、幸司は祟られているんだ。先祖代々受け継がれた恐ろしい祟り、呪いと言ってもいい。俺は何としてでも、その呪縛から恩人の孫でもある幸司を救ってやりたいんだ」

松代さん自身も、これまで様々な怪奇現象や怖い出来事を体験してきた。

しかし、やはり自分の夫に面と向かって先祖代々の祟りだ、呪いだ、などと言われるとやや引いてしまう。

そんな松代さんをよそに、夫は幸司にとり憑いた祟りの話を続ける。

幸司の先祖に、幕末の藩士Aという人物がいた。

Aには同じ藩にBという友人の藩士がいて、彼は馬鹿が付くほどの堅物だったらしい。

加えてどんなに勧められても、Bは酒類を一切飲まない。

それどころか、酒を使った料理や菓子も口にしようとはしなかった。

皆がBにその理由を聞いても、何故か頑《かたく》なに話そうとはしない。

AはBのそんな融通の利かない所が、日頃から鼻についていた。

ある夜、町外れの寺で武士だけではなく、町人や農民など様々な立場の人々が集まる、緩い感じのちょっとした宴会があった。

もちろんその宴会でもBは、盃に手を伸ばそうとはしなかった。

しかし、Aがどのような方法を用いたのかは不明だが、Bを騙して彼に酒を飲ますことに成功した。

己にとって禁忌である酒を飲まされたBは、何も言わずに凄まじい怨念の籠もった眼差しでAを睨みつけた。

そのまま刀を抜いて、切りかからんばかりの形相だったという。

ちょっとしたオフザケのつもりだったAは、普段は大人しく滅多に怒らないBの豹変ぶりを見て狼狽した。

しかし、Bは何も言わず宴会の席を立って寺から出ていった。

翌日、Bは先祖の墓の前で、許嫁の女性とともに自害していた。

Bは腹を切り、その隣で許嫁は服毒自殺を図ったのだ。

酒を飲むことが、どうしてBと許嫁をここまで追い込んだのかは、彼の僅かな親族達も決して誰にも明かそうとはしなかったという。

この件はお上にも知れ渡り、Aは自身の屋敷で謹慎を言い渡された。

本当だったら、もっと重い処分が下されてもおかしくないはずだったが、元からAの家柄が良かったために、この程度の処分で手打ちとされたらしい。

残された親族達も、内心は穏やかではなかっただろうが、不服を申し立てる者はいなかった。

それからしばらくして、Aの住む町内におかしな噂が立ち始めた。

Aの謹慎している屋敷内とその周りにだけ、いつも霧雨が降っていると。

更にその霧雨が口に入ると、酒の味と匂いがするらしい。

それは噂ではなく、日を追うごとに霧雨の降る屋敷の中とその辺り一帯が酒臭くなっていき、恐れをなした奉公人達が次々と辞めていった。

ついには霧雨からは酒の味だけに留まらず、血の匂い、鉄臭い味までがするようになった。すると、「あの屋敷は自害したBに祟られている」と囁かれ、誰も近寄らなくなった。

だが、ある日を境に屋敷内とその周りの霧雨は止み、酒と血の匂いは消え、ずっと続いていた湿っぽさも嘘のようになくなった。

同時期、謹慎中のAが屋敷内で自害したのだ。

自害したAの近くにはこれ以上、自分のせいで家柄を汚すのが耐えられないと書かれた遺書が置かれていたという。

しかし、Bの祟りはこれで終わらなかった。

Aの家系の子孫には、数は多くないもののBに祟られているとしか思えないような者が、定期的に生まれてくるようになったらしい。

夫が連れてきた少年、幸司も生まれつき祟られたAの子孫なのだ。

祟られて生まれた者は、物心付いた頃から自分の周囲にだけ、時々霧雨が降ることがあり、その間は自身やその周りが湿っぽく感じるのだという。

だが家族を含め周りの人間達には、その霧雨は感じられない。

祟られた者以外には見えず、感じられないその霧雨は、歳を重ねると今度は酒の味や匂いが交じってくる。

祟られた者が酒の霧雨を浴びると、周りの人間からは明らかに酩酊したような外見に見えるらしい。

しかし、そんな状態でも病院での検査では、不思議なことに祟られた者の血中からは、アルコールは全く認められないそうだ。

同じく飲酒運転のアルコール検知器にも、何故か絶対に引っかからない。

更に二十歳が近づく頃になると、祟られた者には霧雨が赤く見えるようになり、血の匂いと鉄臭い味が交じるようになる。

血に染まった霧雨を浴び続けた祟られた者は、言葉では言い表せない苦痛がじわじわと心身を蝕んでいき、どんどん衰弱していく。

その苦しみから逃れるために、祟られた者は若くして自殺を図るか、そうでなくとも発狂し、廃人への道を確実に辿るという。

そして幸司はここ数年、酒の霧雨に苦しめられている状態だった。

酒の霧雨に降られるたびに、幸司は酩酊状態になるので、せっかく受かった地元の大学にも行けず、社会活動そのものがまともにできない状態なのだ。

いずれ霧雨が赤くなり、今まで祟られた者達と同じように、幸司も悲惨な末路を迎えるだろう。

もちろん、先祖代々続く祟りの恐ろしさを知っている幸司の両親は、大枚を叩《はた》いて全国から高名な僧侶、霊能者、祈祷師などを自宅に呼び寄せ、自分の息子にとり憑いた祟りを祓おうとしたが、全て無駄だった。

その話を聞いた夫はここぞとばかりに、昔助けてもらった恩を返すため、両親の許可を得て幸司を引き取ったのだという。

夫が幸司の家系に代々絡みつく祟りの話を終えると、松代さんはあまりのトンデモな情報量の多さに、どこからツッコめば良いか分からなかった。

この静かで優しそうな少年に、そんな恐ろしい運命が待ち受けているとは。

それに引き取ったはいいが、夫はどうやって幸司の祟りを取り除くのか？

松代さんはいろいろと疑問に思ったが、夫は何か良い手を知っているようで、自信満々な顔をしていた。

その後、夫は東京暮らしをする幸司の住居として、自分の所有する一戸建ての家に彼を連れていった。

松代さんは正直、少年一人だけを住まわせるにはもったいない物件だと思ったが、夫は昔から言い出したら聞かない性格だったので口出しはしなかった。

それにただの守銭奴だと思われがちな夫が、実は受けた恩は決して忘れないとても義理堅い男だということを思い出した。そんな義理堅さに惚れこんで押しかけ女房までしたのは、若き日の松代さん自身でもあった。

そして幸司は祟りから解放されるまで、夫は自身がオーナーである飲食店の厨房で働かせることにするという。

「酒の霧雨のせいで、しょっちゅう赤ら顔になっていたら学校も行けないし、まともなところじゃ雇ってくれないからなぁ。でも、お前の祟りを解決できそうな人物に心当たりがある。事情があってすぐにはその人を呼べないが、近いうちに必ず来てもらう。それまでは俺の店でのんびり働きな」

夫は幸司の肩を叩きながら励まし、豪快に笑った。

幸司は夫の手厚い配慮に対して、涙を流しながら再びお礼を言った。

松代さんもそのときは、幸司の祟りの話を完全に信じた訳ではなかった。

また、幾ら夫の恩人の孫とはいえ、全く知らない未成年を預かるなんて無茶苦茶だと思った。

だが幸司の礼儀正しく素直で健気な態度や振る舞いを見ているうちに、松代さんは祟りの話はともかく、彼の東京での一人暮らしを助けてあげたいと思うようになったそうだ。

引っ越し作業が終わると幸司は早速、夫の店で働き始めた。

幸司は一人っ子で、今までは実家でお坊ちゃん暮らしをしてきたと聞いていた夫と松代さんは、仕事の出来についてそれほど彼に期待をしていなかった。

だが幸司は朝早くから夜遅くまで、文句一つ言わずに一生懸命働いた。

また持ち前の礼儀正しさと物腰の柔らかい話し方で、店の先輩やスタッフ達ともすぐに打ち解けた。

子供のいなかった松代さんはそんな幸司を見ているうちに、次第に彼のことが可愛くて仕方がなく、実の息子さながらに思うようになったという。

しかし祟りは容赦なく定期的に、幸司に降り掛かった。

幸司は酒の霧雨を浴びると身体も精神も酔いに押しつぶされ、まともに働ける状態ではなくなる。

そんな状態の幸司について、夫は店のスタッフ達に、彼は生まれつき難病持ちなので勘弁してやってくれと嘘をついていた。

幸司がダウンしているときは、松代さんが彼の住む家に行き、食事を作ったり掃除洗濯などの世話をした。

その間、幸司は一人には広すぎる寝室の布団で寝ていた。

しかし、用事を終えた松代さんが帰るときになると、幸司は辛そうな身体に鞭打って起き上がる。

そして「赤の他人である僕のために、毎回御迷惑をおかけして本当に申し訳ありません」と布団の上で正座をして、松代さんに心底すまなそうに頭を下げるのであった。

「そんなにかしこまることないんだよ。私にはこれくらいのことしかしてやれないから。何か欲しいものがあったら遠慮なく言うんだよ」

本人は何も悪くないのに、生まれつき過酷な運命を背負った幸司に対して、松代さんは余計な気を使わせないために、努めて明るく振る舞ったという。

そんな生活が一年ほど続いたある日、夫は幸司と松代さんの元に嬉々とした表情でやってきた。

「幸司、喜べ。お前の祟りについて知識のある強力な坊さんが、近々来てくれることになったぞ」

その日も幸司は、自らに降り注ぐ酒の霧雨のせいで布団に入っていた。

「そうですか、ありがとうございます。でもここ最近、とうとう霧雨に血の匂いと味が混ざるようになってきました……」

幸司は顔を真っ赤にしながら、力なく言った。

それを聞いて夫と松代さんの顔は逆に青ざめた。

霧雨に血が混じる、それは祟られた者の破滅が近づいているということだ。

「あんた、早くそのお坊さんとやらを幸司に会わせてやりなよ。あんたの恩人は私の恩人だ。お布施なんて幾ら積んでもかまわないよ！」

松代さんは叫ぶように夫に訴えたが「金の問題じゃねぇ」と言い返された。

夫の話によると、彼が呼ぼうとしている僧侶はここ数年、己の力を高めるための荒行を行っている最中であり、あと少しでその修行が終了するそうだ。

「本当は修行が終わった後は少し静養するそうなんだが、事情を話したら、何故か無理をしてでも来てくれると返事があった。何でも幸司の家系に受け継がれる霧雨の祟りを、その坊さんも知っているそうだ」

夫は横になっている幸司を見ながら、厳しい表情で言った。

「それならなおさら、早く来てもらってよ……」

松代さんは、ぐったりした幸司の頭を撫でながら夫に懇願した。

その日を境に、幸司は仕事に出ることができなくなった。

血の霧雨は、毎日のように幸司に降り注ぎ、彼の心身を蝕んでいく。

もちろん、その霧雨を松代さん達は見ることはできず、幸司に殆ど何もしてやれない状況を歯がゆく思っていた。

そんな日々が、一カ月ほど続いた。

その頃には、幸司は這ってトイレに行くほど衰弱していたという。

「この赤い霧雨、血の匂いと味がして目も鼻も口も凄く苦しい。でも、でも、何故か舐めるのを止められないんです……」

布団の中で、窶れた幸司が小さな声で苦しそうに訴える。

「馬鹿、そんなモノを舐めるな！　坊さんが来るまであと少しの辛抱だ」

夫は幸司を叱咤激励するが、彼はそれを無視してしゃべり続ける。

「ここ数日、着物を着た若い女の人が枕元で正座して、僕のことをずっと暗い表情で睨んでくるんです。凄く怖い……今も枕元にいます」

松代さん達が慌てて幸司の枕元を見るが、もちろん着物の女などいない。

精神的に不安定になって、そんな女の幻覚まで見るようになったのか？

「ねえ、あんた。幸司を病院に連れていこうよ。いつ来るか分からないお坊さんなんかよりもマシだろう？」

松代さんは苦痛に苛《さいな》まれる幸司の姿を見ていられなくなり、夫に叫ぶように言った。

「無駄なんだよ……。幸司のじいさんも今まで祟られた親族を三人、見てきたそうだ。しかし三人とも有名な大病院に入院したが、お偉い医者達は頭を捻るだけで、何の役にも立たなかったそうだ。そのことは幸司の両親もよく知っている」

松代さんは幸司の手を握りながら、絶望に打ちひしがれた。

「おばさん、僕もその三人の親族の末路を祖父から聞かされました。彼らも赤い霧雨に心身ともに侵され、着物の女を見るようになってから廃人と化したそうです。でもこの祟りが本当に恐ろしいのは……」

「幸司!!　それ以上はいい。黙って大人しく寝ていろ」

夫は幸司を怒鳴りつけると、イラついた様子で家から出ていった。

松代さんが幸司を見ると、彼は布団の中で目を閉じたまま身体を微かに震わせて押し黙ってしまった。

そして松代さんが話しかけても、一切返答しなかった。

更に数日後、松代さんが幸司の住む家の玄関を開けると、内部から凄まじいアルコールの匂いが漂ってきた。

松代さんが、ハンカチで口を押さえながら幸司のいる寝室に行くと、そこは昨日までとは全く違う光景が広がっていた。

幸司の布団の周りにはビール、日本酒、焼酎、ウイスキーにブランデーやジンなど、様々な種類のアルコール飲料の空き瓶や空き缶が大量に置いてあった。

大量の空き瓶や空き缶は種類ごとに分類され、綺麗に並べてあった。

布団の上には寝間着のまま胡坐《あぐら》をかいた幸司がいて、今正に恐ろしくアルコール度数の高いウォッカを、お椀で飲もうとしているところだった。

「馬鹿やってるんじゃないよ！　まさかこの酒を全部一人で飲んだのかい？」

松代さんは慌てて、幸司の持つお椀を手で叩き落とした。

幸司の顔は茹でたタコのように深紅に染まり、彼の股間とその周りの敷き布団は失禁により濡れていた。

「ああっ、おばさん。昨日の夜から喉が渇いて渇いて。だからお酒をたくさん配達してもらったんです。幸い、着物の女性が親切にも隣でお酌をしてくれますし」

居酒屋で働いている松代さんだから分かったが、幸司の顔は明らかに重度の泥酔状態だった。

それなのに幸司は呂律《ろれつ》がきちんと回っており、しっかり話すことができた。

そしてもちろん、松代さんには着物の女性の姿は見えない。

松代さんはアルコールの霧が漂うような寝室で、吐き気が込み上げてくるのを我慢しながら、幸司の両肩を持って彼を軽くゆすった。

「駄目だよ、しっかりしなきゃ。お前の隣にそんな女はいないよ。早く救急車を呼ばないと！」

「こんなに飲んで、死なないなんて凄いでしょう？　これが僕の一族に伝わる祟りの真の恐ろしい所なんです。どんなに重傷を負っても、どんな致命的な病気を患っても、どんな毒を飲んでも、どんなにずっと飲み食いができなくなっても、どんなに歳を取っても、死ねないんです。干物みたいにぺらぺらになっても祟られた者は生き続けるんです……」

幸司は自嘲気味に笑い、「僕も祖父から聞いて、最初から助からないと知っていたんですよ」と囁くように言った。

「Aという僕の祖先の話、知っているのでしょう？　彼も自分の屋敷で切腹しても死ねなかったそうです。ハラワタを全てかき出しても、ただずっともがき苦しむだけで。親族達はそのとき、仕方なくAを生きたまま消し炭になるまで焼いたそうです。その子孫である僕も同じく……」

幸司は自分の胸を掻きむしりながら呻いた。

「信じない。信じないから、そんなの！」

松代さんは幸司を抱きしめて叫んだ。

「静かにしろ、坊さんが来たぞ」

突然、背後から声が聞こえたので涙で顔を濡らした松代さんが振り返ると、彼女の後ろには夫と見知らぬ男が立っていた。

夫は険しい表情で、松代さんに抱かれた幸司を見つめた。

「こちらがずっと言っていた高名なお坊様、快さんだ」

それを聞いた松代さんは、とりあえず幸司を布団に寝かせると、正座をしたまま快という僧侶に頭を下げた。

しかし、夫の隣にいた男性は松代さんがイメージする僧侶とは、大分かけ離れた人物だった。

男性は僧衣ではなく、紺色の高そうなスーツを身に纏っていた。

顔や袖から覗く手は日焼けしており、長髪を後ろで束ねている。

年齢も見る角度によっては、力みなぎる若々しい二十代後半にも見えるし、何かを究めた熟練の五十代後半の男にも見える。

「……すぐに始めましょうか。時間が経てば後々、面倒が増えます」

快という僧侶は、寝室の異常な光景を目の前にしても眉一つ動かさず、極めて冷淡な口調でそう言った。

「分かりました、よろしくお願いします。おい、俺は快さんをお手伝いするから、お前は外に出て待っていろ。俺らが出てくるまで、絶対に誰も家に入れるんじゃないぞ」

それに対して、松代さんは自分も一緒にいると食い下がったが、夫によって強引に追い出されてしまった。

お祓い、あるいは除霊のようなことが行われるのだろう。

快という男性は、およそ僧侶らしくはないが、松代さんが今まで会ってきた自称霊能者や如何《いかが》わしい祈祷師などとは、全く別次元の風格と気迫を兼ね備えており、只者ではないのは確かだった。

家から出た松代さんは玄関の前で、手を合わせながら幸司が無事に助かりますようにと、必死に祈った。

ところが長時間に及ぶと想像していたお祓いは、松代さんの想像に反して三十分も掛からずに終了した。

家の中から夫の呼ぶ声がしたので、松代さんが再び中に入って寝室まで行くと、先ほどまで漂っていた血酒の匂いが嘘のように消えていた。

夫は寝室の壁にもたれかかり、「よう、終わったぜ」と憔悴した様子で松代さんに目配せした。

幸司は布団の上で松代さんが来たときと同じように胡坐をかき、頭を下げたままピクリとも動かない。

「幸司、大丈夫かい!?」

松代さんが幸司に駆け寄ろうとするが、快がそれを優しく制した。

快はお祓いを行った後にしては、汗一つかいていない。

「それでは私は帰ります。警察には私と幸司君の両方から話が通っていますから、お二人が疑われたり、必要以上に詮索されることはないでしょう。この家の価値が、更に下がるのは避けられませんが」

快は淡々とした口調で松代さん達にそう言うと、幸司に向かって一度だけ合掌した後、何事もなかったように家から去っていった。

「幸司には触るな。そしてこれから警察を呼ぶが、奴は俺達が来たときには、既に死んでいたと言うんだ。酒の飲み過ぎでな……」

夫の言うことに、松代さんは「はあ!?」と大声で聞き返した。

「何を言っているの。幸司は助かったんでしょ？　お祓いだか除霊だか分からないけど、あのお坊さんが幸司を祟りから解放してくれたんでしょ!?」

すると夫は苦しそうに咳き込みながら、松代さんに答えた。

「幸司は祟られて生まれた時点でもう、死ぬことができずに苦しみぬく運命だったんだ。快さんはそんな幸司を祟りから解放して、安らかな死を与えてくれたんだ。生かして助ける方法は、まだないんだと。お前を騙していたが、快さんの力とはそういうことだ。可哀想だが、幸司のことは諦めろ」

松代さんは夫の話を聞き、「そんな……」と絶望に顔を歪めた。

「快さんは、以前話したAという武士が同僚のBに酒を飲まし、祟りの発端となった寺の住職の血筋だ。快さんを含め、住職の子孫達もずっとBの祟りを追っていたんだよ。彼らの名は歴史には出ないものの、現在でも強力な力を持った高僧の一族で、政界や財界にも顔が利くらしい。そんな彼らが祓えぬBの祟りの根底は何なんだろうな？　たかが酒を飲んだくらいで……」

夫の話を聞き終えると、松代さんはその場に崩れ落ちるように倒れた。

あまりの救いのなさに、涙も出なかったという。

その後、夫が警察を呼ぶと一人の少年の不審死ということで捜査が始まった。もちろん松代さん夫婦も、重要参考人として取り調べを受けた。

夫婦はあらかじめ幸司について口裏を合わせ、それらを警察に話した。

また幸司のことを知る居酒屋の従業員達にも、余計なことを話さないように夫が金を握らせておいたという。

その内容を簡単に言うと、「松代さん夫婦は東京に憧れた知り合いの息子、幸司を預かり、彼の独り暮らしをサポートしていたが、最近は何やら落ち込むことが多く、自分達が思う以上に精神的に病んでいたようだった。そのせいでついには現実逃避のため、酒に走って今回の事故が起こった」という物だ。

幸司の死んだ状況が状況なので、松代さんはこんな稚拙な筋書きが警察に通じるはずがないと思い、不安でしょうがなかった。

また従業員に口封じをしたことも立派な犯罪で、そこも警察にはすぐにバレてしまうのではないかとも思った。

しかし、警察は驚くほどあっさり松代さん夫婦の言うことを信用した。

話はたくさん聞かれたものの、夫婦が強く疑われることはなく、従業員達のほうも深くは追求されずに、酒を飲みなれていない少年の急性アルコール中毒による死亡事故として処理された。

幸司の住んでいた家の近所でも多少の騒ぎにはなったが、こういった話が好物なはずのマスコミのほうは不気味なくらい静かで、少年の不審死がテレビにも新聞にも報道されることはなかった。

これも快という僧侶と、その一族の力なのか？　と松代さんは感心を通り越して恐ろしさを感じた。

幸司が亡くなった次の日、彼の両親が東京にやってきた。

幸司の両親は、やはり二人とも弁護士だった。

両親は松代さん達に深々と頭を下げると、

「短い生涯でしたが、僅かでも憧れの東京で暮らせて息子は本当に幸せだったと思います。御夫婦お二人にはいろいろ御迷惑をおかけしました。本当にありがとうございました」

と涙ながらに感謝の言葉を述べたという。

それに対して松代さんも泣きながら両親の手を握り、「幸司君はいい子でした。本当に良くできた息子さんでした」と何度も何度も繰り返し言ったという。

幸司の遺体は両親とともに故郷に帰り、警察の捜査も全て終わってようやく落ち着いたと松代さんが思っていたら、今度は夫の体調が急激に悪くなった。

夫は頻繁に喀血《かっけつ》するようになり、吐いた血には酒の匂いが交じっていた。

医者に行くと、末期の癌で余命半年だと、いきなり宣告されたという。

夫は自分からは言わなかったが、快が幸司に引導を渡す手伝いをした際、その余波を喰らったせいだと松代さんは確信した。

「お前もよく知っていると思うが、俺は若い頃からあまり人様には言えないようなことをして金を稼いできた。そして、たくさんの人々を泣かしてきた。今更、安らかに畳の上で死ねるなんぞ思ってはいねえ。でも、最後に恩返しができて良かった」

病院のベッドで黒くなった顔に笑みを浮かべ、夫は松代さんにそう言った。

そしてきっかり半年後に亡くなったという。

夫の遺体からは酒と血の混じった匂いが漂っていた。

もちろんその匂いを感じることができたのは、松代さんだけだった。

夫の遺言により、幸司の家を含む不動産の殆どを売却し、松代さんには怪奇現象の起きない居酒屋と一棟のマンションだけが残った。

「お前に押しかけられたときはさすがの俺もビビったが、まあ一緒になってなかなか楽しい人生だった。俺が死んだ後は、魑魅魍魎《ちみもうりょう》とは無縁の人生を送って、少しでも長生きしろよ」

それが松代さんに向けた、夫の最後の言葉だったという。

「もう話してしまったから、どうせ本に載せるんでしょうけど、何度も言うように本当にこんな商売やめなさいよ。あなたにも夫みたいな末路を辿ってほしくはないから」

松代さんは再び、私にそう言った。

それは警告というよりも、本気で私の未来のことを心配してくれているが故の発言だった。

私はそれに対して、深く頭を下げることしかできなかった。

ここまで聞いて、引き下がれるはずがないと心の中で強く思いながら。

「いつか、Ｂの祟りが鎮まるときが来るといいわね」

私が本に載せることを諦めないと悟った松代さんは、溜め息をつくと寂しそうな声で最後にそう言った。

松代さんは近く、幸司の故郷に行って彼の墓参りをする予定だという。
御自身が生きているうちに。

スクイガナイ

彩恵さんが十一歳のとき、妹と近所の公園に行った際に体験した話。

晴天の日曜日、彩恵さんは四歳の妹が乗ったブランコを揺らしながら、自分の両親の不仲について悩んでいた。

妹が生まれるまでは土日や祝日だったら、ほぼ必ずと言っていいほど父親の運転する車で、家族仲良く遊園地やレストランなどに出かけていた。

しかしここ数年、理由は不明だが両親はお互いを避けるようになり、娘である彩恵さん達と遊んだり、どこかに連れていってくれることも少なくなった。

今朝も父親は朝からパチンコ、母親は彩恵さんに昼食代を渡して自分の友達と、どこかに遊びにいってしまった。

可哀想な妹は、仲の悪い両親の姿ばかりを見て育った。

「お姉ちゃん、あの箱は何？」

不意に妹が、公園の砂場の中央に置かれた段ボール箱を指さした。

彩恵さんと妹が砂場に行って段ボール箱の中を見ると、そこには子猫が三匹、ミャーミャーと鳴きながら誰かに拾われるのを待っていた。

喜んだ妹が子猫を抱き上げようとしたので、彩恵さんは慌てて「パパとママに怒られるよ」と言って止めた。妹は明らかに不満げな顔で手を引いた。

二人はブランコに戻り、彩恵さんは再び妹の乗るブランコを揺らし始めた。

すると保育園の園児五人と、付き添いの保母が公園にやってきた。

「自由に遊んでいいよ」

若い保母は面倒臭そうに園児達に言うと、自分はさっさとベンチに座ってスマホをいじり始めた。

すると五人の園児達は、砂場の段ボール箱を見つけて中を覗き込む。

「スクイガナイね」

園児達は三匹の子猫を見つめながら、子供っぽくない低い声で、なおかつ彩恵さん達にはっきりと聞こえるように、口々に「スクイガナイ」という。

そして次に園児達は、五人で子猫の入った段ボールを取り囲むとお互いに手を繋ぎ、何やら歌いながら周りを回り始めた。

「スクイガナイ、スクイガナイ、〇〇〇だからスクイガナイ」

園児達は無表情で箱の周りを回り、ひたすら不気味なわらべ歌のような物を歌う。〇〇〇の部分は、彩恵さん達にはよく聞き取れなかった。

「スクイガナイって何？」

段ボール箱の周りで歌い、回る園児達を見た妹が聞いてきたが、彩恵さんは気味が悪くなったので「もう帰ろう」と言った。

理由は分からないが、何か良くないモノを見ている気分だったからだ。

「あの猫ちゃん達は？」

「あの子達が遊んでくれるから大丈夫」

しかし彩恵さんが妹をブランコから降ろしたとき、砂場で異変が起こった。

園児達に囲まれた段ボール箱が、まるで流砂に飲み込まれるがごとく、どんどんと砂場の中に沈んでいくのだ。

彩恵さんと妹は、砂場で起きていることを見て呆然となった。

「スクイガナイ、スクイガナイ、〇〇〇だからスクイガナイ」

そんな状態でも園児達の顔は口以外動かさず、仮面のように無表情だった。

子猫達は自分らの危険を察したのか、更に激しく鳴きわめく。

段ボール箱が半分以上、ズズズズッと蟻地獄に引き込まれるように砂の中に沈んだとき、彩恵さんは自分でも驚くような電光石火の動きを見せた。

彩恵さんは砂場に猛ダッシュすると、園児達を押しのけ、沈みゆく段ボール箱の中から白い子猫一匹を抱えると、すぐにブランコのところまで戻り、次に妹までも抱え、急いで公園から逃げるように出ていったのだ。

小学校でも男子達を抜いて、トップクラスの健脚の持ち主だった彩恵さんだからこそできた芸当だった。

本当は子猫を三匹とも救いたかったが、さすがにこれが限界だった。

彩恵さんが公園の外から砂場を見ると、園児達は無表情のまま「スクイガナイ」と歌いながら回り続けていた。

そして段ボール箱は、完全に砂場の上から消えていた。

ベンチの保母は一瞬だけ、彩恵さん達を鋭く一瞥すると、またすぐにスマホ画面のほうに集中した。

彩恵さん達がマンションに帰ると、妹は子猫を飼えると大喜びだった。

「思わず連れて帰ってきてしまったけど、両親には何と説明しよう……」

ただでさえ、不穏な状態の家庭なのに子猫を飼うなんて、到底無理だった。

彩恵さんは白い子猫をベランダに下ろすと、猫用の餌などはないのでとりあえず小皿で水道水を与えた。子猫は弱っていたが、自力で水を飲み始める。

すると子猫の身体から、黒い粒のような物がポロポロとたくさん落ちる。

それらはみんな、死んだノミだった。

彩恵さんは猫を飼っている友達から、ノミはかなりしぶといと聞いていた。

「なんで全部、死んでいるの？」

彩恵さんは「スクイガナイ」の歌を改めて思い出し、ゾッとした。

お昼過ぎに父親が帰ってきて、ベランダでタオルに包まれて眠る子猫を見ると「おっ、何だ。チビがまた増えたのか」と怒るどころか笑っていた。

夕方には母親も帰ってきたが、こちらも「二人できちんと新しい家族のお世話をするのよ」とニコニコしながら子猫を撫でた。

白い子猫が家族に加わった日から不思議なことに、彩恵さんの両親の仲は目に見えて回復し、以前のような温かい家庭が戻ってきた。

両親ともに姉妹に構ってくれるようになり、家族で外出する機会も増えた。

そして、いつも暗かった妹の顔にも笑顔が戻ってきた。

「公園の園児達はスクイガナイなんて言っていましたが、私達家族にとって子猫は救いの天使でしたよ」

現在、高校生になった彩恵さんはそう話す。

数年前に家族になった天使、エルと名付けられた白い猫は今も健在だ。

小学生になった妹と、あれから新たに生まれた小さな弟と毎日、仲良く遊んでいるという。

「唯一、心残りは救えなかった残りの子猫達ですね。今でもたまに姉弟で公園の砂場に遊びにいきがてら、手を合わせています」

そして幸いなことにあの日以来、「スクイガナイ」の不気味な園児達や保母とは出くわしてはいないそうだ。

★読者アンケートのお願い

本書のご感想をお寄せください。アンケートをお寄せいただきました方から抽選で 10 名様に図書カードを差し上げます。

（締切：2023 年 9 月 30 日まで）

応募フォームはこちら

異形連夜 禍つ神

2023 年 9 月 5 日　初版第一刷発行

著者……………………………………………………………………内藤 駆
監修……………………………………………………………………加藤 一
カバーデザイン…………………………………… 橋元浩明（sowhat.Inc）

発行人………………………………………………………………… 後藤明信
発行所……………………………………………………… 株式会社　竹書房
〒 102-0075　東京都千代田区三番町 8-1　三番町東急ビル 6F
email: info@takeshobo.co.jp
http://www.takeshobo.co.jp
印刷・製本…………………………………………… 中央精版印刷株式会社
